ECONOMIAS DA DANÇA

Se na produção de mercadorias, a atividade produtiva de uma pessoa não possui ligação direta com seu consumo, sendo completamente mediados pela troca e pelo mercado, passamos a enfrentar um outro posicionamento: onde está o mercado da dança? Ou melhor, onde estaria o mercado da dança no Brasil?

A fim de tentarmos responder a tais perguntas precisamos desfazer as sucessivas camadas que se interpõem, no intuito de compreendermos o que especificamente o núcleo acadêmico da dança brasileira tem chamado de "economia da dança", para entendermos, enfim, se ela existe ou mesmo o que existe no lugar dela. Para tanto, além de necessitarmos olhar para a vida do artista, precisamos averiguar a produção das políticas culturais: onde são criadas, como e por quem.

J.B.

JOYCE BARBOSA é artista da dança e diretora da Paralelo Cia de Dança desde 2004. Doutora em Comunicação e Semiótica pela PUC/SP, mestre em Dança pela UFBA e mestre em Direito Econômico pela UFPB, atua como professora tutora da FGV, nas áreas de direito e economia, e trabalha como professora de dança moderna (graham technique) e contemporânea no Centro Estadual de Artes CEARTE/PB.

COLEÇÃO LEITURAS DO CORPO
Direção: Christine Greiner

Os últimos vinte anos testemunharam um verdadeiro curto-circuito nas discussões do "corpo". As abordagens deixaram de ser enclausuradas em disciplinas específicas e em mitos recorrentes como os da universalidade, da *tábula rasa* e do fantasma na máquina. Com perfil nômade e crítico, os estudos passaram a se organizar em rede, desafiando estatutos estáveis de centros hegemônicos do saber. Em vez disso, apontam saídas e entradas ainda não exploradas. A coleção Leituras do Corpo busca desbravar essas trilhas. Apresenta-se como uma ação descentralizadora (e antropofágica) para traduzir autores irreverentes, não raramente pouco conhecidos no Brasil, e sobretudo apresentar pesquisadores brasileiros que, sintonizados neste perfil, fertilizam o debate, geram inquietações e abrem novos campos de pesquisa trans e indisciplinares.

Conheça os títulos desta coleção no final do livro.

Economias da dança

Joyce Barbosa

Dados Internacionais de Catalogação na Publicação (CIP)
Bibliotecária Juliana Farias Motta CRB7/5880

B238e Barbosa, Joyce de Matos
Economias da dança / Joyce de Matos Barbosa. -- São Paulo: Annablume do corpo, 2016.
154 p. 14 x 21 cm (Leituras do Corpo)
Inclui referências
ISBN: 978-85-391-0831-2

Originalmente apresentado como tese (Doutorado), Pontifícia Universidade Católica de São Paulo - PUC/SP.

1. Dança.2. Política cultural – Brasil.3. Políticas públicas - Brasil.I. Título. II. Série: Leituras do Corpo

Índice para catálogo sistemático:
1. Dança
2. Política cultural – Brasil
3. Políticas públicas - Brasil

CDD 793.3

ECONOMIAS DA DANÇA

Projeto, Produção e Capa
Coletivo Gráfico Annablume

Diagramação
Ivan Matuck Ponte

Annablume Editora
Área Corpo, Sexualidades e Políticas da Multidão

Conselho Científico
Bárbara Szaniecki
Christine Greiner
Giuseppe Cocco
Homero Silveira Santiago
José Neves
Luis Quintais
Richard Miskolci

1ª edição: setembro de 2016

©Joyce Barbosa

Annablume Editora
Rua Dr. Virgílio de Carvalho Pinto, 554, Pinheiros
05415-020 . São Paulo . SP . Brasil
Televendas: (11) 3539-0225 – Tel.: (11) 3539-0226
www.annablume.com.br

"Vou arranjar
Um lugar de puxa-saco
Que puxa-saco
Tá se dando muito bem
Tô querendo é chalerar
Eu não quero é trabalhar
Nem fazer força pra ninguém

A gente trabalha tanto
E não consegue o que quer
Quem anda puxando o saco
Está comendo de colher

Eu não me importo
Que me chame de chaleira
De xeleléu ou bajulador

Com dinheiro eu boto
Pra derreter
Eu não quero nem saber
que eu sou balançador

A gente trabalha tanto
E não consegue o que quer
Quem anda puxando o saco
Está comendo de colher"

Jackson do Pandeiro

Para Sebastião criança e Angela menina.

Agradecimentos

Meu *Lebensform*

Doze anos dirigindo uma companhia de dança e pensando diariamente na gestão de suas necessidades ou em como fazê-la sobreviver as instabilidades de sua própria existência, sempre cercada de complicações pessoais e financeiras, me fez refletir sobre a importância de discutir como a dança tem (ou não) se conectado ao capitalismo e qual fatia tem restado para ela nas distribuições sócio-políticas do país e do mercado.

E dessa vontade de iniciar uma reflexão que pudesse ser amplamente compartilhada com outrxs artistas da dança, veio "Economias da dança": um rascunho-estudo, um vaga-lume híbrido de várias experiências como bailarina, estudante e professora de direito, dança, economia e política.

Em virtude desse nascimento não posso deixar de agradecer a Lívio Temoteo, pelo coração; a Daniel Lorenzo, pela partilha; a Theo Oliveira, pela amizade filosófica; aos meus amigos do Mestrado em Dança da UFBA, em especial a Ana Rizek, Edu Ó e Jussara Braga – vocês fazem falta; a Helena Bastos, Dulce Aquino, Gaby Imparato pelas considerações na banca de doutorado; a Christine Greiner, pela repartição do conhecimento e pelas observações no texto; a minha (sempre) orientadora, Helena Katz, pela generosidade e sensibilidade; aos amigos da dança de Salvador, São Paulo, João Pessoa e Campina

Grande; às professoras da Pós-graduação em Dança da UFBA; a Michelle Veronese e Anna Carmem Cavalcanti – sem vocês eu não teria conseguido; a Tia Lúcia, pelo suporte; a Thaïs, minha irmã e Davi, meu presente de futuro; e, em especial, ao meu Lebensform mais instigante, pulsante, delirante – obrigada pela estrada em Paralelo, Lília, Vanessa, Nídia e Iara. Amo vocês.

Sumário

PREFÁCIO 13

EMBOLADA INICIAL 19

ATO 1
DANÇAECONOMIA/ECONOMIADANÇA:
Onde está a dança? 23

Políticas culturais na dança: onde, como e
por quem 27

SEC/PNC/SNC – de onde vem e por que vem? 31

Sobre a Tridimensionalidade 38

Primeira topada: criatividade da crise ou crise
da criatividade 41

Primeira digressão: o que faz o substantivo feminino transformar-se em adjetivo?	43
Primeiro parêntese: um breve nó	46
De volta à 'Primeira digressão': onde está o consumidor?	48
Segundo parêntese: o nó do nó	51
Primeira mediação, primeira margem	57

ATO 2
DESENVOLVIMENTO COMO... 61

...Liberdade	65
Crescimento ≠ progresso ≠ desenvolvimento	65
Condição de agente: o "pastor" e o potencial do seu *flock*	72
...democracia	78
So... you think you can...?	81
...Exclusão (Ou Exceção)	85
Segunda digressão: o "bem"	94
Petit digressão da segunda digressão: "O que eu crio e quem eu sou"	103

ATO 3
ESPAÇO DE MEDIAÇÃO, ESPAÇO DE AÇÃO 105

Libertar-se do que restringe: juntando
as reflexões 109
Relance: minha era pós-edital e a condição do sujeito
agente reverberando no coletivo 116

Economias da dança 118

O "re" 131

Coda 136

REFERÊNCIAS BIBLIOGRÁFICAS 139

Prefácio

Este livro debruça-se sobre um assunto que demanda a atenção e o olhar cuidadoso que Joyce Barbosa demonstra ao longo de sua escrita. Embora apareçam de maneira mais constante nos debates culturais dos últimos anos, aqui no Brasil, é pertinente pensarmos que as questões econômicas sempre estiveram ligadas à produção artística, quer seja pela relação com os mecenas, pelos interesses religiosos e políticos, até chegarmos aos dias atuais com o entendimento ampliado sobre cultura e a implementação de políticas culturais que atendam às demandas da diversidade cultural brasileira e, neste caso em especial, da Dança. Nesse sentido, o plural no título Economias da Dança já nos traz pistas da conversa que a autora nos propõe, desde o início.

O que Joyce nos leva a pensar junto com ela é, justamente, a economia como um campo estendido que se vincula a todos os outros: político, cultural, social, etc. que, ao relacionar-se com as especificidades da Dança em sua cadeia produtiva, promove reflexões abrangentes não somente sobre a produção em Dança, mas também sobre público, mercado, desenvolvimento, mídia, riqueza e democracia.

Esta publicação nos convida a pensarmos enquanto artistas, produtores e público sobre o incômodo de aproximar-se a arte de algo considerado como antagônico de seus princípios como a economia. Quantas vezes não ouvimos artistas se orgulharem em dizer: Eu sou artista, não sei lidar com número, não sei dar preço para minha arte ou, ainda, minha arte não tem preço? Pois, você-artista deveria saber lidar com isso, sua arte merece ser valorada, você precisa começar a pensar a sua experiência em Dança com um olhar ampliado, pois sua criação depende das condições de produção, que por sua vez depende dos recursos para realizá-la, que para serem distribuídos precisam de políticas públicas eficazes. Não há mais possibilidade em continuarmos pensando cada elemento desses como instâncias isoladas.

Ao afirmar a existência de uma economia da dança, a autora lança seu olhar "sobre o artista da dança e seu modo de viver", entendendo-o como agente implicado com as demandas que surgem no seu fazer artístico.

A partir desse livro, temos a chance de refletir sobre tais questões que nos instigam a compreender a Dança em suas dinâmicas variadas e influenciam os processos de criação, produção, continuidade dos projetos artísticos, formação de público, publicidade e patrocinadores. Ganhamos todos nós ao acessarmos essa pesquisa que se faz urgente e tão necessária em tempos de redução dos investimentos em cultura e educação do nosso país.

Esta publicação traz uma análise das políticas culturais para a dança no Brasil, buscando compreender a sua construção a partir dos conceitos defendidos pelo Ministério da Cultura e sua estrutura que comporta entre outras a Secretaria de Economia Criativa, criada no ano de 2012, no governo da presidenta Dilma Rousseff, e a FUNARTE (Fundação Nacional de Artes) que tem o objetivo de fomentar a produção artística brasileira, observando de forma mais aprofundada o Prêmio Klauss Vianna, promovido por esta instituição.

Ainda nesse contexto, Joyce Barbosa traz importantes considerações acerca do Plano Nacional de Cultura e do Sistema Nacional de Cultura que, entre outras coisas, propõe a compreensão de "Tridimensionalidade da Cultura", através de suas dimensões simbólica, cidadã e econômica. Essa tridimensionalidade pretendia valorizar a diversidade e a sociedade civil, fortalecendo os mecanismos de participação social na formulação, implementação e avaliação das ações culturais.

No entanto, apesar da participação social ter se tornado um elemento de base na formulação de políticas culturais, não podemos deixar de ressaltar que as práticas e propostas das políticas culturais ainda se baseiam prioritariamente numa visão econômica, com raízes no pensamento neoliberal, tratando a produção artística como mercadoria sem considerar suas especificidades e maneira de organização distinta do sistema industrial, por exemplo.

Ao longo das páginas desta publicação, chama atenção a maneira generosa e poética que Joyce conduz um assunto que poderia levar a uma escrita rígida, sem as nuances poéticas às quais estamos acostumados a encontrar na esfera artística. Então, é assim que a grande artista que ela é se revela também na pesquisadora e escritora que nos leva à compreensão sobre desenvolvimento, dialogando de forma tão bela e profunda com Amartya Kumar Sen, em seu Desenvolvimento como liberdade (2000) e com a Filoso¬fia do Girino, de Richard H. Tawney (1961).

Esta última me afeta, especialmente, ao provocar pensamentos sobre as disputas que enfrentamos junto aos nossos pares para conseguirmos as migalhas dos fomentos, dos editais, nas disputas pela captação das Leis de Incentivo que promovem comportamentos de "salve--se quem puder", da "farinha pouca, meu pirão primeiro". Mobiliza-me a reflexão levantada sobre as questões éticas, sobre generosidade, sobre compartilhamento não apenas dos recursos materiais, mas também do conhecimento como moeda valiosa para as transformações não só do nosso pequeno universo da Dança, mas da sociedade como um todo, sugerindo estratégias de sobrevivência, sobre seguirmos juntos.

E foi sobre seguirmos juntos que eu fui finalizando a leitura deste livro, recordando dos dois anos em que eu e Joyce compartilhamos momentos intensos no Mestrado em Dança e de como ela era uma referência para mim pela competência, seriedade, humor, pelas gravações das aulas que me enviava enquanto eu estava do outro lado do mundo, como nossas pesquisas se encontravam-encontram e como dialogávamos entre afeto, abraços, sorrisos e lágrimas. É uma honra fazer parte do seu primeiro livro e é tão bom lê-lo como se estivéssemos conversando um pertinho do outro. Espero que você, leitor(a), também sinta o mesmo prazer.

Edu O.

Professor da Escola de Dança da UFBA
Coreógrafo e dançarino do Grupo X
de Improvisação em Dança

Embolada inicial

A possibilidade de escrever sobre um assunto que tem sido absorvido pelo universo da dança brasileira como se fosse somente uma nomeação para um segmento recente, traz para as(os) artistas e o público em geral o compromisso de entender cada vez mais sob quais bases estão assentadas as políticas culturais da área em questão: para onde vamos e, especialmente, onde estamos.

Há quem diga que, enquanto produtores de dança, estamos à margem da discussão que deveríamos enfrentar – somos marginais –, e há quem afirme que estamos exatamente onde devemos estar, sem dificuldades para identificarmos o(s) problema(s). Se a dança, a criatividade, a cultura e a economia se entendem perfeitamente ou colidem violentamente dentro da lógica de extração capitalista na qual vivemos, este é um questionamento que deve ser feito, sem ser negligenciado por partes daqueles que nomeiam a existência da "economia da dança" e os que (acham que) fazem parte dela.

A importância de desbravar tal formação de entendimento surge de uma necessidade premente que a dança revela ao entrar, cada vez com mais força, nas Universidades do Brasil, como área de conhecimento, onde existe uma forte ideologia da competência (CHAUÍ, 2014). A necessidade de entendê-la a partir do que ela gera nesses novos lugares e para esses lugares é uma das condições mais relevantes que a área nos concede nos últimos tempos.

Além disso, a complexidade de entender a continuidade das ações em dança combina-se com a confusão de compreender uma lógica de desenvolvimento como liberdade (SEN, 2000) na cultura como algo não pontual, dilatando-se no tempo/espaço, que devolve ao ser humano sua liberdade e dignidade, articulando no olhar humano do artista a promoção de suas próprias experiências e potencialidades.

Atualmente a política pública cultural em dança no Brasil não faz isso. Ela parece ignorar a potencialidade dos processos artísticos assim como os mais variados modos de existir do artista da dança, a partir do momento que nega a possibilidade de sua continuidade no seio dos coletivos, grupos, artistas independentes e das companhias, seja pela inexistência de distribuição igualitária de incentivo, por promover uma política focada no crescimento e no progresso – avessos do real desenvolvimento –, seja por reforçar uma ideia de "cadeias produtivas da dança" e "elos produtivos" sem considerar o *labor* do artista como um elemento que o distingue de outras formas de labuta.

Ao lidar diariamente com a beirada do abismo e a possibilidade de não mais existir enquanto artista, dar-se aqui a emergência de olhar para tais problemáticas compreendendo-as para além da sobrevivência e da luta, para adiante da resistência como condição preponderante de vida. Este livro é o início de uma conversa com o incômodo.

ATO 1
DANÇAECONOMIA/ ECONOMIADANÇA:
Onde está a dança?

Para repensar as questões teóricas dicotômicas entre crescimento, progresso e desenvolvimento, explicando como elas se comportam diante de cenários sociais completamente diversos, o paraibano Celso Furtado, ao longo de sua carreira como professor e economista, sempre assentava que só um economista imagina que um problema de economia é estritamente econômico.

Este pensamento coloca-nos diante da abrangência da própria concepção de economia e do modo como ela pode ser incorporada a setores da vida humana que, até então, pareciam não depender ou vincular-se a ela, como é o caso da cultura, da criatividade e da comunicação, abrindo espaço e assentando o terreno para o nascimento de novos questionamentos e a desconstrução de outros, mais estabelecidos.

Para entendermos os trânsitos teóricos que se apresentam amalgamados na sua proposta de economia, precisamos saber onde estamos e o que temos em termos estruturais, políticos e artísticos, no intuito de compreendermos para onde estamos indo e o que isso pode gerar de positivo, especificamente para a dança – foco desta análise.

Faz-se impossível pensar na dança sem o artista e sem seus mais variados modos de existir. Se hoje falamos em uma possível "economia da dança" não podemos, de maneira alguma, retirá-los do contexto, até mesmo porquê sem eles não haveria contexto.

Porém a questão se aprofunda quando tentamos negociar uma relação mais estreita entre economia e dança. Falamos "negociar" simplesmente porque são duas palavras de alta complexidade, que possuem singularidades, cuja coligação não resultaria em um simplório exercício de união de palavras, pois os dois universos, como aparentemente o conhecemos, não se encaixam propriamente, pois derivam de lugares dicotômicos.

Dessa forma, se pontuarmos a existência de uma "economia da dança" isso significaria olharmos para a economia de um artista da dança, do seu modo de viver, o que nos conectaria diretamente com as relações e redes que ele estabelece para manter-se, cabendo ainda questionarmos a qualidade dessa existência. Além disso precisaríamos entender de qual economia estamos falando, pois ela tem estreitado cada vez mais os laços com o mercado, especialmente quando o assunto é força de trabalho. Basta vermos que:

> O conceito de indústria cultural (livro, disco, audiovisual) era muito restrito para dar conta de tudo aquilo que o primeiro ministro britânico necessitava englobar como resposta aos desafios (problemas) desses novos tempos. *Assim, de forma oportunista, foram englobadas todas as indústrias que mobilizavam de maneira direta ou indireta uma criatividade cultural na produção de bens materiais com finalidades mais de ordem funcional que cultural (moda, publicidade, design, etc) sob a denominação de indústrias criativas.* (BOTELHO, 2011, p. 90). (grifo nosso).

Um jogo de tabuleiro onde peças de formatos diversos, de um lado, se movem sem uma regra preestabelecida encontram dificuldades em jogar/lutar com peças que não se constituem da mesma forma e possuem outras regras e estratégias fundamentais. Talvez por analogia pudéssemos dizer que o tabuleiro é o capitalismo e nele teríamos a arte da dança, com sua diversidade infinda de peças, enquanto a economia, por seu conseguinte, estaria com o restante das peças espalhadas.

Se considerarmos o capitalismo como sendo essa grande arena onde os "jogos da fome"[1] acontecem, então precisaremos entender a qualidade do material das peças, afinal a diferença do jogo se dá onde ele é jogado, mas também com o que ele é jogado. Sendo assim, a qualidade

---

1. Alusão ao livro *The hunger games*, de Suzanne Collins, que revela, em mundo pós-apocalíptico, as cidades divididas em distritos, onde uma vez por ano, um de seus moradores é escolhido para lutar pela sobrevivência e resistência de seu território em uma arena televisionada, passando por percalços e enfrentando desde bichos ferozes até a necessidade de matar outro ser humano para continuar no jogo. A vida no limite sendo apoiada pela rica capital, que assiste ao Coliseu moderno sem se exasperar.

diz respeito ao valor que determinado produto possui no universo em que é criado.

O valor do produto é importante no capitalismo porque ele pode estabelecer trocas por dinheiro no mercado/arena. E em seguida esse dinheiro pode ser trocado por outros produtos que possuam um valor de uso desejado. Ou seja, se essa mercadoria tem um 'valor de uso' isso significa que ele satisfaz nossas necessidades humanas.

Coloca-se entre a economia e a dança, para além do que expressam, a noção de valor, ou mesmo valor de uso: como podemos quantificar – se é que essa é a palavra mais acertada –, o valor de uso de um artista? Eu posso afirmar que um trabalho de um artista da dança tem um valor de uso? Se eu digo que a dança na "economia da dança" é uma economia da vida de um artista, em que tudo está em jogo, especialmente sua existência, como posso valorar o produto gerado pelo artista da dança sem levar em consideração a forma como foi produzido? Sem pensar nos diversos modos de existir da dança?

Se na produção de mercadorias, a atividade produtiva de uma pessoa não possui ligação direta com seu consumo, sendo completamente mediados pela troca e pelo mercado, passamos a enfrentar um outro posicionamento: onde está o mercado da dança? Ou melhor, onde estaria o mercado da dança no Brasil?

A fim de tentarmos responder a tais perguntas precisamos desfazer as sucessivas camadas que se interpõe, no intuito de compreendermos o que especificamente o núcleo acadêmico da dança brasileira tem chamado de "economia da dança", para entendermos, enfim, se ela existe ou mesmo o que existe no lugar dela. Para tanto, além de necessitarmos olhar para a vida do artista, precisamos averiguar a produção das políticas culturais: onde são criadas, como e por quem.

Políticas culturais na dança: onde, como e por quem

Atualmente, o órgão federal de deliberação de política cultural é o Ministério da Cultura (MINC), regido pelo Decreto nº 7.743, de 31 de maio de 2012[2]. Ele "desenvolve políticas de fomento e incentivo nas áreas de letras, artes, folclore e nas diversas formas de expressão da cultura nacional, bem como preserva o patrimônio histórico, arqueológico, artístico e nacional" (2013). O MINC ainda possui órgãos colegiados e conta com seis entidades vinculadas, sendo duas autarquias e quatro fundações que abrangem campos de atuação determinados (2013). Uma dessas fundações é a Fundação Nacional de Artes (FUNARTE)[3], cujo objetivo é o de "fomentar a produção

---

2. De acordo com essa legislação, o MinC possui três órgãos de assistência direta e imediata ao Ministro de Estado que são: o Gabinete, a Secretaria-Executiva e a Consultoria Jurídica. A estrutura é formada ainda por seis secretarias. São elas: Secretaria de Políticas Culturais, Secretaria da Cidadania e da Diversidade Cultural, Secretaria do Audiovisual, Secretaria de Economia Criativa, Secretaria de Articulação Institucional e Secretaria de Fomento e Incentivo à Cultura (2013).
3. Órgão responsável, no âmbito do Governo Federal, pelo desenvolvimento de políticas públicas de fomento às artes visuais, à música, ao teatro, à dança e ao circo. Os principais objetivos da instituição, vinculada ao Ministério da Cultura, são o incentivo à produção e à capacitação de artistas, o desenvolvimento da pesquisa, a preservação da memória e a formação de público para as artes no Brasil (2013).

nacional, contribuindo parcial ou integralmente para o desenvolvimento das atividades de grupos e companhias na modalidade dança" (2013).

Na FUNARTE, há uma única ação direcionada à dança, criada no ano de 2006, chamada de Prêmio Funarte de Dança Klauss Vianna[4]. O Prêmio é lançado todo ano através de edital – processo licitatório dedicado à distribuição de seus recursos aos artistas, que apresentam seus projetos para a avaliação de uma Comissão, formada por especialistas neste segmento, encarregada da seleção dos que serão beneficiados com o financiamento para o que pleiteiam.

Além dele, a Fundação ainda possui outros projetos que também abarcam a dança, mas que não são exclusivos da área, como o Edital Funarte para a realização de Encontros, Seminários, Mostras, Feiras e Festivais; o Prêmio Funarte Artes na Rua (Circo, Dança e Teatro), que contempla poucos trabalhos de dança (em 2013, foram apenas 9 (nove) em todo o país); o Edital Funarte de Ocupação dos CEUs das Artes; o Mais Cultura; o Iberescena – Fundo de ajuda para as artes cênicas ibero-americanas; e editais de ocupação de salas e teatros no Brasil.

Muito embora cada Estado e município do Brasil possua sua política para a cultura e, em especial, para a dança, com suas leis e editais específicos – como é o caso da Lei de Fomento à Dança, na cidade de São Paulo –, aborda-se aqui a relevância do Prêmio Klauss Vianna para

---

4. Homenagem ao professor, coreógrafo, diretor e bailarino, criador de um entendimento de corpo transformado em uma técnica de preparação corporal para artistas cênicos" (2013).

toda a produção em/de dança no Brasil, como exemplo, pela premiação possuir abrangência nacional significativa e por atuar nas políticas culturais brasileiras de dança através do eixo "capacitação/atualização" (2013), fomentando o "desenvolvimento de grupos e companhias na modalidade dança" (2013)[5].

Para o edital de 2014, o Prêmio foi dividido em três categorias: a) circulação nacional de espetáculos; b) artistas consolidados; e c) novos talentos, distribuindo valores distintos, entre R$44 mil e R$100 mil. Por exemplo: na categoria A, na região Nordeste, os Prêmios vão desde 4 projetos de R$60 mil até 3 projetos de R$100 mil, o que representa pouco, considerando-se a densidade demográfica daquela região e a quantidade de artistas que lá desenvolvem seus trabalhos. No edital de 2013, o valor total do Prêmio, dividido pelas cinco regiões, somou R$ 6.000.000,00 (seis milhões de reais), dos quais R$ 5.920.00,00 (cinco milhões, novecentos e vinte mil reais) foram destinados à premiação dos contemplados, e R$ 80.000,00 (oitenta mil reais), para os custos internos.

O panorama pode se mostrar interessante se visto somente enquanto um número, mas não o é quando analisado sob a ótica do próprio objetivo da Fundação, que é o de fomentar a produção em dança e desenvolver as atividades na área. Porém, sem considerar a necessidade da continuidade/manutenção das práticas artísticas na estrutura do seu edital, gerando uma constante discrepância entre o motivo da existência da Fundação e o instru-

---

5. No ano de 2011, foi incorporada a categoria de "novos talentos".

mento político com o qual consolida as suas ações, aquele objetivo fomentador perde sua eficácia e, por certo, sua eficiência. Afinal, não existe nenhuma garantia de que o artista que venceu o Prêmio Klauss Vianna em 2013, obtendo financiamento para a montagem de um trabalho consiga, no edital de 2014, vencê-lo novamente, mas, desta vez, para promover a circulação daquele mesmo espetáculo e poder, então, distribuí-lo, tornando-o público, uma vez que foi financiado com recursos desta ordem.

A necessidade de tornar público o que resulta de financiamento com dinheiro público está no cerne de um debate fundamental. Porém, ao que tudo indica, o Governo Federal ainda não encontrou os caminhos para viabilizar tais políticas, e termina deixando esta tarefa na responsabilidade do artista, mesmo no contexto da iniciativa privada[6], que atua no setor cultural, por intermédio do Ministério da Cultura.[7]

---

6. "A Instrução Normativa (IN) nº 1, de 09 de fevereiro de 2012, regula procedimentos para apresentação, recebimento, análise, aprovação, execução, acompanhamento e prestação de contas de propostas culturais, relativos ao mecanismo de incentivos fiscais da Lei Rouanet. De acordo com o artigo 13 da IN, a admissão de novas propostas está limitada, durante o ano, em 6.300, e respeita os limites por área cultural: nas Artes Cênicas, o limite é de 1.500 projetos; nas Artes Visuais, até 600 projetos; em Humanidades, até 900 projetos; na Música, até 1.500 projetos; no Patrimônio Cultural, o limite é de 600 projetos; e no Audiovisual é de 1.200 projetos. A medida atende ao princípio da não concentração, exigido pelos órgãos de controle e já é prevista no artigo 19 da Lei Rouanet" (MINC, 2013).

7. O proponente apresenta uma proposta cultural ao Ministério da Cultura (MinC) e, caso seja aprovada, é autorizado a captar recursos junto às pessoas físicas pagadoras de Imposto de Renda (IR) ou empresas tributadas com base no lucro real para a execução do projeto. O apoio a um determinado projeto pode ser revertido no total ou em parte para o investidor do valor desembolsado deduzido do imposto devido, dentro dos percentuais permi-

Embora a iniciativa privada seja salutar como outra possibilidade de viabilização artística, caberá ao artista apresentar uma proposta que consiga adequar o seu *modus operandi* aos trâmites mercadológicos da empresa à qual vai recorrer, compatibilizando o seu "produto" com os dela. Fica assim com o mercado, então, a decisão sobre o "produto dança" que veiculará seu nome. Quem não produz algo com o perfil mercadológico das empresas, em que artistas conhecidos nacionalmente por participarem de novelas estejam envolvidos na produção, por exemplo, fica de fora.

SEC/PNC/SNC – DE ONDE VEM E POR QUE VEM?

Em primeiro de junho de 2012, pelo Decreto 7743, em seu artigo 17, foi criada a Secretaria de Economia Criativa (SEC), no Ministério da Cultura, com a missão de conduzir a formulação, implementação e monitoramento de políticas públicas para o desenvolvimento, seja local ou regional, priorizando o real fomento aos profissionais e aos micro e pequenos empreendimentos criativos brasileiros. É lançado também um "Plano", com políticas e diretrizes até o ano de 2014, assinado pela, na época, secretária Claudia Leitão – atualmente professora da Universidade Federal do Ceará. Segundo ela, o Plano "representa o desejo e o compromisso do Ministério da Cultura (...), de resgatar o que a economia tradicional e os arautos do desenvolvimento moderno

---

tidos pela legislação tributária. Para empresas, até 4% do imposto devido; para pessoas físicas, até 6% do imposto devido. (MINC, 2013).

descartaram: a criatividade do povo brasileiro" (SEC, 2011, p. 13).

A Secretaria nasce e se funda no desejo de trabalhar com a pluralidade cultural do país, compreendendo esse aspecto como o mais importante para a construção de políticas culturais. Tudo isso fundamentado nas noções de desenvolvimento e criatividade.

O primeiro problema a ser enfrentado, ainda segundo o Plano, estava na definição conceitual de uma economia criativa propriamente brasileira, distinta do entendimento sobre "indústrias culturais", tão massivamente discutido e aceito em países como a Inglaterra e os Estados Unidos. Ou seja, seria necessário formalizar uma diretriz sobre como pensar a economia e a cultura, no Brasil, unidas. É a partir daí, então, que o Plano formaliza quatro fundamentos da "economia criativa" brasileira: "inclusão social, sustentabilidade, inovação e diversidade cultural brasileira" (SEC, 2011, p. 21).

Tais elementos funcionam como um espaço de investigação da própria Secretaria no intuito de compreender como deliberar sobre suas atuações, partindo da conjuntura cultural do país. Para tanto, conclui-se que "para efeito deste Plano e da proposição de políticas públicas, é adotado o termo 'setores criativos' como representativo dos diversos conjuntos de empreendimentos que atuam no campo da Economia Criativa" (SEC, 2011, p.22).

> Os *setores criativos* são aqueles cujas atividades produtivas têm como processo principal um ato criativo gerador de um produto, bem ou serviço,

cuja *dimensão simbólica* é determinante do seu valor, resultando em produção de riqueza cultural, econômica e social. (SEC, 2011, p. 22). (Grifo nosso).

A Secretaria, além daqueles princípios norteadores, apontava um outro caminho – e é aí onde nosso debate tem início –, sobre a economia criativa como "política de desenvolvimento" (SEC, 2011, p. 36) através do que se convencionou chamar, no Plano, de "Desafios da economia criativa brasileira".

Os referidos Desafios organizavam-se como revelações da atual situação da cultura e da própria economia criativa no país, que apontavam para a existência de 320 mil empresas completamente voltadas à produção cultural, ou seja, 5,7% do total de empresas no país, com uma geração de 1,6 milhão de empregos de natureza formal, o que equivaleria a 4% dos postos de trabalho (IBGE, 2007, p. 39)[8]. Portanto a ideia era propor uma espécie de quadro definidor entre o que se tem e o que se deseja daqui para frente. Por isso, como primeiro Desafio temos o "levantamento de informações e dados da Economia Criativa":

> Atualmente no Brasil, os dados levantados sobre a economia criativa nacional são insuficientes no sentido de permitir uma compreensão ampla das suas características e potenciais. A maior parte das pesquisas existentes é pontual e localizada, impedindo

---

8. O IBGE afirma que o salário médio mensal pago pelas atividades industriais culturais passou de 5,4 salários mínimos (SM), em 2003, para 5,1 SM, em 2005, mantendo-se, assim, a distância de 0,2 SM em relação às indústrias de transformação, que passaram de 4,6 SM para 4,4 SM (IBGE, 2007, p. 52).

o desenvolvimento de análises aprofundadas quanto à natureza e ao impacto dos setores criativos na economia brasileira. Outro problema se refere ao fato de estes estudos partirem, em sua maioria, de dados secundários, ou mesmo de corresponderem a estimativas que nem sempre coincidem com a realidade. Apesar da existência de alguns indicadores, a ausência de pesquisas que contemplem de modo amplo os diversos setores desta economia impede que haja o conhecimento e o reconhecimento de vocações e oportunidades a serem reforçadas e estimuladas por meio de políticas públicas consistentes. (SEC, 2011, p. 36).

O segundo Desafio diz respeito à "Articulação e estímulo ao fomento de empreendimentos criativos", revelando a necessidade dos "empreendimentos criativos" obterem o devido acesso a recursos financeiros para além dos editais públicos[9], pensando a possibilidade de carteiras de empréstimos. Enquanto o terceiro, "Educação para competências criativas", aborda a necessidade de uma formação mais sensível, pois compreende que

> A construção de competências vai muito além da construção e difusão de conteúdos de natureza técnica, mas envolve um olhar múltiplo e transdisciplinar que integra sensibilidade e técnica, atitudes

---

9. Assim como os empreendimentos tradicionais, os empreendimentos criativos necessitam da disponibilização e do acesso a recursos financeiros para a consecução dos seus objetivos. Apesar do papel e da função, inquestionáveis, assumidos pelos editais públicos de fomento, sabe-se que os mesmos representam uma única face do investimento em cultura que pode e deve ser ampliado no país. (SEC, 2011, p. 36).

e posturas empreendedoras, habilidades sociais e de comunicação, compreensão de dinâmicas socioculturais e de mercado, análise política e capacidade de articulação. (SEC, 2011, p. 37).

Os quarto e quinto Desafios são: "Infraestrutura de criação, produção, distribuição/circulação e consumo/fruição de bens e serviços criativos" e "Criação/adequação de Marcos Legais para os setores criativos".

Todos os Desafios se complementam a ponto de não conseguirmos estruturar o raciocínio de um sem o implemento do outro, ou seja, pensar a distribuição do quarto Desafio, sem a articulação do fomento do segundo é simplesmente impossível. Ou mesmo raciocinarmos o quinto Desafio sem antes fazermos o que propõe o primeiro. Por isso, a análise e implementação de um deles, podemos assim dizer, está diretamente condicionada à análise e implementação dos outros.

No fazer e não fazer de políticas (ações) que consolidem os referidos Desafios, a relevância e estrutura dos mesmos, com o tempo, amalgama suas bases e costuras a ponto de tender para o engessamento de suas práticas, por inúmeras razões: comodismo, certeza de sucesso, cumprimento de metas antigas e deficiência de percepção das pluralidades sociais.

O problema é que essa ausência de flexibilidade demonstra claramente a perda da habilidade política estatal de compreender e gerir a alternância dos cenários sociais que se apresentam. E quando o assunto resvala na cultura e no seu aspecto criativo, as dificuldades são ainda maiores, pois revela para si outras problemáticas, que vão desde a ordem teórica – na apropriação de conceitos que funcionam bem em outros países, mas que não dão garantia de que nos sirvam – à prática, com a implementação de ações culturais que compõem, por exemplo, os cinco Desafios.

A Secretaria ainda trouxe consigo a "missão" de contribuir "de forma efetiva e eficaz para tornar a cultura um eixo estratégico de desenvolvimento do Estado brasileiro" (SEC, 2011, p. 39) (Grifo nosso), com o objetivo de "Ampliar a participação da cultura no desenvolvimento socioeconômico sustentável", conforme a "Estratégia 4" do Plano Nacional de Cultura.

> O PNC, que faz parte do Sistema Nacional de Cultura (SNC), é o norteador da política cultural nacional. Ele estabelece objetivos, diretrizes, ações e metas para dez anos (2010 a 2020), e foi construído com base em discussões ocorridas nas conferências municipais, estaduais e nacionais de cultura e consolidadas no Conselho Nacional de Política Cultural (CNPC). Por isso, o PNC reflete anseios e demandas de todo o país, com respaldo do poder público e da sociedade civil. (PNC, 2013, p. 08).

O PNC, como é conhecido oPlano Nacional de Cultura, estabelece as metas realizáveis sobre as políticas culturais a serem implementadas no Brasil, assim como o próprio Plano da SEC – Secretaria de Economia Criativa. Juntos, eles estreitam estratégias e bases de ação, no intuito de fortalecê-las e dinamizá-las. Mas ambos dizem respeito às políticas, metas, diretrizes, alternativas de ação cultural. Logo, para que elas realmente possam acontecer, através da gestão, o Governo Federal, entre 2002 e 2009, traçou e fundamentou a doutrina do Sistema Nacional de Cultura (SNC) como uma "política cultural no âmbito dos direitos sociais" (SNC, 2011, p. 15) e enquanto...

> ...instrumento mais eficaz para responder a esses desafios, através de uma gestão articulada e compartilhada entre Estado e sociedade. Seja integrando os três níveis de governo para uma atuação pactuada, planejada e complementar, seja democratizando os processos decisórios intra e intergovernos. Mas, principalmente, garantindo a participação da sociedade de forma permanente e institucionalizada. (SNC, 2011, p. 14).

Segundo o projeto do SNC, existem atribuições que o Estado deve cumprir como:

> (1) assegurar que a liberdade de criar não sofra impedimentos; (2) garantir aos criadores as condições materiais para criar e usufruir dos benefícios resultantes das obras que produzem; (3), universalizar o acesso de todos os cidadãos aos bens da cultura; (4) proteger e promover as identidades e a diversidade cultural; e (5) estimular o intercâmbio cultural nacional e internacional. (SNC, 2001, p. 16).

Todos esses "deveres Estatais" devem estar em consonância com a ideia de "Tridimensionalidade da Cultura", proposta no SNC, através de três dimensões – a simbólica, a cidadã e a econômica –, que tratam de incorporar "visões distintas e complementares sobre a atuação do Estado na área cultural" (SNC, 2011, p. 33), buscando "responder aos novos desafios da cultura no mundo contemporâneo" (SNC, 2011, p. 33).

É importante mencionar, antes de avançarmos na discussão, com a mudança recente no Ministério da Cultura – volta de Juca Ferreira ao cargo de Ministro, cuja posse ocorreu em janeiro de 2015 –, a Secretaria de Economia criativa foi designada a Marcos André Rodrigues de Carvalho. No entanto, ele já não mais ocupa o cargo. Porém, quanto à SEC, o Ministério não dá indícios de sua continuação ou não, emitindo, em março daquele ano, uma nota de esclarecimento que diz ao final: "O MinC está estudando o melhor arranjo institucional para contemplar os objetivos estratégicos da nova gestão. Eventuais alterações na estrutura serão anunciadas no devido tempo".[10]

Diante do futuro incerto sobre a Secretaria e tudo que ela construiu e, porventura, pretendia construir (ou não), avançamos pensando como a criatividade tem se constituído como moeda de troca, inclusive com a infelicidade desse terrível trocadilho.

Sobre a Tridimensionalidade

A "simbólica" pauta-se na diversidade cultural, operando como um agente que expande as fronteiras das po-

---

10. Nota de esclarecimento sobre a Secretaria de Economia Criativa. Disponível em: <http://www.cultura.gov.br/noticias-destaques/-/asset_publisher/OiKX3xlR9iTn/content/id/1240723>.

líticas públicas pensando na transversalidade das mesmas com políticas educacionais, ambientais, comunicacionais *etc*. Ela coincide "com os argumentos que no plano internacional defendem a necessidade de se considerar os fatores culturais nos planos e projetos de desenvolvimento". (SNC, 2011, p. 34).

> Essas posições enfatizam que o crescimento econômico, "divorciado de seu contexto humano e cultural, não é mais que um crescimento sem alma."[11] Foram esses argumentos que levaram o PNUD a formular o conceito de desenvolvimento humano, que avalia o desempenho dos países por uma gama de critérios que vão "da liberdade política, econômica e social às oportunidades individuais de saúde, educação, produção, criatividade, dignidade pessoal e respeito aos direitos humanos". (SNC, 2011, p. 34).

Já a "cidadã" vislumbra garantir ao sujeito a participação e envolvimento com a cultura do seu país, no intuito de que tenha "liberdade para criar, fruir e difundir a cultura" (MINC/SNC, 2011, p. 34):

> Garantida não apenas no *sentido negativo*, isto é, pela não ingerência estatal na vida criativa da sociedade, mas também no *sentido positivo*, via dotação das condições materiais para que os indivíduos e grupos tenham os meios necessários à produção, difusão e acesso aos bens da cultura. Isso inclui, além

---

11. CUÉLLAR, Javier Perez de (org.). Nossa Diversidade Criadora: relatório da Comissão Mundial de Cultura e Desenvolvimento. Campinas, São Paulo: Papirus; Brasília: Unesco, 1997, p.21.

da lei federal de incentivo (renúncia fiscal e fundo), o programa Mais Cultura (especificamente voltado para as populações pobres), o programa Cultura Viva e todos os editais que viabilizam projetos de setores e segmentos da cultura. (SNC, 2011, p. 34). (Grifo nosso).

Percebe-se que ambas estão preocupadas em desempenharem o que se chama, no direito, de "função social". Muito embora o conheçamos por "função social da propriedade", na Carta Magna brasileira de 1988, ela diz respeito ao ser humano conseguir observar, no seu fazer, independente do que seja, o interesse e o bem-estar coletivo. E tanto a dimensão simbólica como a cidadã, nomes que já refletem com clareza ao que se propõem, estão em total consonância com o que se espera da construção de políticas culturais engajadas na ideia de desenvolvimento: conseguem observar as demandas sociais tanto na sua pluralidade como na devida e necessária inclusão. Poderíamos dizer, então, que as duas dimensões cumprem com a "função social da cultura".

A dimensão econômica, por sua vez, pensada pelo Sistema, vê a cultura sob três pontos de vista correlatos:

> (1) como sistema de produção, materializado em cadeias produtivas; (2) como elemento estratégico da nova economia (ou economia do conhecimento); e (3) como um conjunto de valores e práticas que têm como referência a identidade e a diversidade cultural dos povos, possibilitando compatibilizar modernização e desenvolvimento humano. (SNC, 2011, p. 35).

A história da relação entre Arte e Estado não é do conhecimento de todos. Mas não se pode jogar a economia para o lado, esquecendo dela por simples imperícia, nutrida, muitas vezes, pela resistência em pensar a arte no viés do controle que o Estado detém através das políticas que formula e pratica. Como se sabe, ainda se romantiza "a ideia de arte em ruptura com o poder instituído (o artista contra o burguês, os valores da recusa, da revolta, o exilado da sociedade)..." (CAUQUELIN, 2005, p. 18), em face da necessidade de construir a Arte sob o signo de uma sobrevivência, cultuando uma ideia de estigma do artista ou da vida do artista.

Sendo este o cenário que se apresenta, cabe iluminar a potência dos estudos econômicos para os interessados em compreender o que acontece com a dança, hoje, em nosso país. Para tal, cabe repensarmos os contornos da própria economia, especialmente o de suas colocações teóricas, DENTRO da dança, a fim de compreendermos que "economia" é essa e que "dança" é essa. Sem isso, não se configura o segmento do que se denomina "economia da dança".

Primeira topada: Criatividade da crise ou crise da criatividade

> Criatividade. Palavra de definições múltiplas, que remete intuitivamente à capacidade não só de criar o novo, mas de reinventar, diluir paradigmas tradicionais, unir pontos aparentemente desconexos e, com isso, equacionar soluções para novos e velhos problemas. Em termos econômicos, a criatividade

é um *combustível renovável* e cujo estoque aumenta com o uso. Além disso, a "concorrência" entre agentes criativos, em vez de saturar o mercado, atrai e estimula a atuação de novos produtores. Essas e outras características fazem da economia criativa uma oportunidade de resgatar o cidadão (inserindo-o socialmente) e o consumidor (incluindo-o economicamente), através de um ativo que emana de sua própria formação, cultura e raízes. Esse quadro de coexistência entre o universo simbólico e o mundo concreto é o que transmuta a criatividade em catalisador de valor econômico. (REIS, 2008, p.15). (Grifo nosso).

ou

(...) as formas do pensamento verbal que permitem mudança no comportamento de alguém em uma *situação de emergência*. (VIRNO, 2011, p. 103). (Grifo nosso).

Para Ana Carla Fonseca Reis, diretora da Empresa Garimpo Soluções[12], professora da Fundação Getúlio Vargas (FGV) e profunda debatedora do assunto, "criatividade"é um "combustível renovável".

A colocação é pertinente em um mundo tomado pela ideologia neoliberalista, em que o "dinheiro só tem valor desde que esteja em fluxo" (GIELEN, 2015, p. 95). Mas também é (terrivelmente) profética em assinalar sob

---

12. Empresa de consultoria brasileira nas áreas de economia, cultura e desenvolvimento, que oferece soluções criativas para o desenvolvimento de cidades e negócios. Disponível em: <http://garimpodesolucoes.com.br>.

quais caminhos a "criatividade" tem se debruçado ou sido jogada como artifício também ideológico.

Se os planos políticos focam na diversidade, ser criativo então parece ser um pressuposto de sobrevivência social, haja vista a necessidade de circulação de dinheiro. A analogia com o combustível é estranha, mas demasiado pertinente (e reveladora) para entendermos que, na realidade, a perspectiva econômica sobre a criatividade parte de um lugar de mercadoria e alto grau de reprodutibilidade, que em muito se relaciona com uma "objetificação" da criatividade como alternativa e produção de mais dinheiro. O que nos leva a pensar se a criatividade apenas surge em momentos de crise ou se ela em si evoca uma crise (2013, p. 86).

Estaria, então, a própria criatividade transformando-se forçosamente em um adjetivo para tudo que possa ser criado (bens e serviços) – haja vista existirem os termos e conceitos de "cidades criativas", "produtos criativos", "economia criativa" *etc* –, no intuito de encobrir um mundo produtivista fatigado, que deseja repensar suas formas de articulação e distribuição, mas que não consegue se olhar porque simplesmente não consegue mais se desconectar?

Primeira digressão: o que faz o substantivo feminino transformar-se em adjetivo?

Na dimensão econômica irrompe a concepção de "cadeia produtiva" e traz consigo a ideia de "bem", móvel e/ou imóvel, sob a égide da cultura: "no primeiro sentido, o bem cultural, como qualquer outra mercadoria, está sujeito a um processo sistêmico que envolve as fases de produção, distribuição e consumo." (SNC, 2011, p. 35).

Economia – *oikonomia* – significa gerir a casa, administrá-la. É intenção de qualquer ser humano que tenha uma "casa" organizá-la da melhor maneira possível, a fim de que as pessoas que ali habitam consigam gerenciar suas vidas particulares de maneira, também, organizada. Logo, o conceito de economia parte de uma ideia de gestão, que se conecta à ideia de sistema. Sendo assim, para pensarmos naquela dimensão, precisamos esquematizar sistemicamente a cultura.

A referida dimensão é pensada pelo viés capitalista, com seus conceitos de mercado e teorias econômicas formando uma relevante cooperação com o que precisa ser entendido quanto ao que venha a ser uma "cadeia produtiva" e "bem". Porém o problema reside no aprofundamento da analogia como verdade e a certeza de que concepções puramente da economia se encaixam perfeitamente, sem nenhuma necessidade de ajuste, na cultura ou na dança. E assim, sem qualquer reflexão sobre o seu uso, vão sendo entoados como mantras no meio da dança, sem que haja sequer um filtro para refrear uma possível replicação de algo que, porventura, possa estar mal ajustado.

Quando o SNC admite o "bem cultural" como "qualquer outra mercadoria" sujeita às fases de "produção, distribuição e consumo", ele nos leva a considerar, também por analogia, que, na dança, aquele "bem" pode ser a "coreografia" ou a "dança" em si, enquanto que a "produção, distribuição e consumo" é a cadeia produtiva da cultura, e que aqueles são os caminhos pelos quais o trabalho artístico em dança passará, por intermédio de...

(...) uma sequência de operações interdependentes que têm por objetivo produzir, modificar e distribuir um produto. Ações correlatas às da cadeia do produto, tais como pesquisa, serviços financeiros, serviços de transporte e de informação, são também importantes para o estudo.(ZYLBERSZTAJN, FARINA & SANTOS, p. 45, 1993).

Se considerarmos que existem variados modos de existir pertinentes ao segmento dança – performers, artistas independentes, artista com deficiência, grupos, companhias, coletivos, duplas *etc* –, e que cada um deles promove a gestão do seu fazer artístico de maneira diversa, então essa analogia se desmancha em sua perene comparação economia = arte.

Desfaz-se simples e claramente pela impossibilidade de cumprir com os segmentos da dita cadeia produtiva da economia na forma como se apresenta. Aqueles atores sociais que desenvolvem seus modos de produção em suas ações terminam "desrespeitando" o mercado porque produzem "bens" que não conseguem espaço de venda, e quando conseguem esbarram nas dificuldades de uma "cadeia produtiva" confusa, de modo que a dança só consegue ser produzida via Lei de Incentivo à Cultura, necessitando de outro edital para poder circular.

Alguns artistas da dança criam o que não pode se tornar mercadoria em sua estrutura ou, se criam a mercadoria/coreografia/produto,esta não completa a cadeia produtiva ao ponto de gerar sustentabilidade ao artista, companhia, grupo ou coletivo. Mas a verdade seja dita, há os que criam a mercadoria/coreografia/produto e essa cumpre com as cadeias produtivas sem problema algum, conseguindo gerar sustentabilidade para os atores sociais – se não para todos os envolvidos na produção -, pelo menos para alguns.

Porém é preciso entender que quando toda criação em dança vira mercadoria, ou seja quando o substantivo vira adjetivo, nas tendências terríveis de equiparação sem a leitura contextual, perde-se a habilidade de observância da diversidade e multiplicidade, questões caras e contundentes a/da dança, que vão ensejar em ausência de políticas culturais pontuais ineficazes quanto à necessidade de sustentabilidade artística.

Primeiro parêntese: um breve nó

> Embora na sua gênese o conceito tenha sido desenvolvido tendo a produção agropecuária e florestal como foco, tem se verificado que o mesmo possui grande potencial de extrapolação, para outras áreas produtivas além da agricultura. Esta extrapolação tornaria o conceito universal e permitiria utilizar as suas capacidades e ferramentas analíticas, para a formulação de estratégias e políticas de desenvolvimento em uma ampla gama de processos produtivos. (CASTRO, LIMA & CRISTO, 2002, p. 02)

Em 2005, foram criados a Câmara e o Colegiado Setorial de dança, sob iniciativa de Juca Ferreira (2008

– 2010), atual Ministro da Cultura. A ideia era de que a "dança ainda precisava ser difundida como linguagem autônoma e área específica de conhecimento, para além dos vínculos comuns com as outras formas de representação cênica."(CNPC, 2010, p. 8).

O documento reflete sobre os "nós-críticos de cada elo da cadeia produtiva" (CNPC, 2010, p. 15), compreendendo que cada "elo" possui um "nó" ou "nós". O "grupo de discussão dos elos da cadeia produtiva", assim intitulado, dividiu as cadeias da dança em: formação; criação e pesquisa; produção; difusão; consumo e formação de público.

Quanto à "difusão" chegou-se, no Colegiado, a 11 "nós", quais sejam:

> 1. Circulação precária das informações sobre a dança. 2. Carência de registros e difusão de dados da área de dança e de sua produção. 3. Inexistência de centros de referência para a divulgação da informação, memória, publicação. 4. Carência de crítica e jornalismo especializado. 5. Ausência de programas de circulação permanente. 6. Intercâmbio de bens culturais e artísticos de projetos financiados pelo Governo em todas as regiões. 7. Trabalho de mídia como mediação e identidade da dança na sociedade. 8. Falta de reconhecimento da dança pela sociedade. 9. Ausência de um programa de apoio a publicações especializadas em dança. 10. Falta de estratégias de difusão/circulação da dança brasileira no Brasil e no exterior. 11. Necessidade de apoio a mostras e festivais, seminários (CNPC, 2010, p. 22).

Contudo, o caminho para solucionar tais "nós" não

está apontado no plano, nem tampouco as soluções para reduzi-los. Explicita um pouco sobre o que já sabemos: deficiência em gestão cultural na dança, por raquitismo de política cultural na dança.

Vamos seguir...

De volta à 'Primeira digressão': onde está o consumidor?

> Onde ficam, então, as artes em relação à política e ao mercado no momento atual? A principal questão para elas hoje, ao menos nos países democráticos, é o financiamento: ou seja, o financiamento de atividades que não são nem baratas a ponto de o dispensarem nem vendáveis a ponto de se sujeitarem aos cálculos do mercado (HOBSBAWN, 2013, p. 64).

Não se trata de pleitear a impossibilidade de pensar a existência de uma cadeia produtiva para a dança. A questão é que ela se dá de um modo alternativo e completamente diverso do que, mercadologicamente, se entende por cadeia produtiva, pois parte de um contexto de produção diverso de uma mercadoria convencional. Vem daí a impossibilidade de pensarmos tais "elos" e tais "nós" sem considerarmos antes o panorama complexo no qual se inserem, e a necessidade de se chegar a uma resolução na qual caibam todos. É preciso pensarmos a micro realidade expandida na macro realidade.

Já sabemos que a cadeia produtiva, com a indispensável difusão/distribuição do "bem" artístico produzido não se completa como no sistema industrial. Porém o Colegiado aponta como "elo" final, não a "difusão", mas sim o "consumo e formação de público". E aqui nos prendemos na deficiência da "difusão" e do "consumo e formação de público" simplesmente porque as etapas iniciais da "cadeia", apontadas pelo Colegiado, já são prontamente constituídas pelos artistas, pois perpassam pela criação e pesquisa.

A difusão da "mercadoria dança" seria a habilidade e o potencial que a criação artística teria de circular pelo mundo, gerando renda para determinado artista ou grupo, a fim de mantê-lo funcionando por algum período de tempo. Sem considerar uma forma específica dessa difusão, os instrumentos convencionais para tanto seriam os editais e convites para festivais, cujo os próprios artistas teriam que gerir o que é ganho, para produzir novos trabalhos e assim reiniciar o "ciclo" na geração de seus sustentos.

Já a terminologia "consumo" pode incomodar alguns, pois os processos artísticos de criação em dança – sejam eles coreografias/produto, sejam eles apresentação de processo – nem sempre levam em conta a necessidade de atrair o sujeito "consumidor", muito menos possuem em seu âmago a intenção de formá-lo. Mas, se pensarmos novamente por analogia, admitindo que aquele "processo artístico" é um "bem", partindo da perspectiva capitalista mercadológica, então podemos ponderar: como considerar consumidor quem não paga pelo ingresso?

Afinal, só quem assume o papel de consumidor na esfera capitalista é aquele que pode comprar, e para comprar é necessário dinheiro, ou melhor, que se pague pelo bem ou prestação de serviço. Não há, certamente, nenhum problema grave em pagar pela prestação de serviço do artista que apresenta seu trabalho, até mesmo porque existem inúmeros casos em que os ingressos são cobrados –, mas como se sabe, a prática de ingressos gratuitos em espetáculos financiados por Leis de Incentivo à Cultural ou de Fomento já está consolidada. Então, somos um tipo especial de "consumidores": somos os "consumidores de dança" – aqueles que não pagam para "consumir" cultura. Eis aqui mais uma imperícia terminológica.

Podemos pensar, por outro lado, que "consumir" é algo muito mais abrangente: eu consumo oxigênio enquanto ser humano, assim como consumo a energia solar e calorias, tudo isso visando a manutenção do meu corpo em estado adequado. A diferença entre este e aquele *modus* de consumir reside no fato de se saber prestar um serviço. O sol, as calorias e o oxigênio não estão envolvidos em uma rede de trabalho e não demandam do homem que ele os "compre" para sobreviver.

A situação que se coloca para a dança quando usamos (ousamos usar) o consumo como imperativo, imaginando-o numa cadeia produtiva, desenreda uma longa e distinta relação com as noções de valor e preço – comentadas em outro momento passado e discutidas mais adiante também. Dentro das premissas discutidas, eu cobro um preço pelo ingresso e eu pago por um serviço porquê, de alguma forma, ele possui valor para mim. Se eu, enquanto consumidor, não pago pelo ingresso, seja por práxis artísticas ou não, então, quem sabe, o problema esteja na forma como estão assentadas as políticas culturais da área ou como organizamos essa confusa "cadeia".

A não cobrança de ingressos por parte dos artistas, muitas vezes, se estabelece pela necessidade de cumprir com o "nó" seguinte: a formação de público. Quanto a ela podemos dizer que se configura como o nó do nó –, pois se atenta para o fato de que as plateias não crescem, segundo o Colegiado, apesar dos esforços para que essa "crise" seja revertida. Leia-se, editais?

Segundo parêntese: o nó do nó

Em "Arte contemporânea: uma introdução", a professora de filosofia da *Université de Picardie*, na França, Anne Cauquelin, aborda a questão do valor e do preço na arte contemporânea no tópico "O dinheiro da arte".

> Se, com efeito, admite-se que as obras do passado podem perfeitamente alcançar somas consideráveis – o velho é sempre 'mais' caro, como no caso dos móveis ditos 'de época' –, os preços do contemporâneo parecem fabulosos, exagerados. Fala-se então de especulação, de valor-refúgio, de mercado fictício. Acusam-se os *marchands* 'importantes', as galerias, os operadores da bolsa de todos os matizes. *As obras, e se vê aí o paradoxo mal compreendido, são cada vez mais numerosas; os museus, as galerias crescem e se multiplicam, e a arte nunca esteve tão afastada do público.* (CAUQUELIN, 2005, p. 13). (Grifo nosso).

Neste livro, Cauquelin defende a ideia de que a arte contemporânea, no caso, – dando ênfase em sua análise às artes plásticas – funciona em uma rede circular, na qual não se pode pensar o processo de criação afastado da produção. Essa é também uma rede de comunicação, que pede o desenvolvimento de estratégias de realização para os novos trabalhos, a fim de estabelecer um outro espaço de diálogo com o público.

Vale ressaltar, mais uma vez, que o item "formação de público" termina sendo atribuído ao artista. Cabe a ele/ela pensar nisso quando produz, ou seja, cabe ao artista produzir uma mercadoria apta para ser consumida por muitos, segundo o consenso do Colegiado, pois a ideia é crescer o número de espectadores:

> Aí está a origem das discussões muito importantes e difíceis a respeito das relações entre a responsabilidade do artista para com sua obra e sua "responsabilidade", "obrigação", ou "sujeição" a um "público" ou a um "mercado". Algumas dessas discussões repetem, no fundo, velhas discussões a respeito das relações entre o artista e seu patrono; outras delas, porém, com a expansão, a difusão e o relativo deslocamento das relações sociais do artista nesse sentido, são qualitativamente novas. É significativo, por exemplo, que a reivindicação do artista por "liberdade", por "criar como lhe aprouver" foi feita muito mais comumente após a instituição das relações predominantemente de mercado, e como elas se relacionam tanto positiva quanto negativamente. (WILLIAMS, 1992, p. 45).

Ao invés de tratar essa importante questão como ela precisa, observando-se os variados contextos e conflitos, joga-se sobre o artista o dever de cuidar do aumento do seu público, como se "aumento de número" fosse pertinente à toda forma de dança e como se essa informação trouxesse relevância para a qualificação laboral do artista, quando se sabe que essa é uma questão que tem implicações nos modos de produção. Afinal, o artista que deseja que sua obra seja vista por muitas pessoas compromete parte significativa do seu orçamento com divulgação – *folders*, postais, *outdoors*, programas, cartazes, propagandas, *teasers*, propagandas *etc* – quando possível. Por outro lado, artistas independentes, que não estão instrumentalizados por nenhum financiamento, de nenhuma ordem, não poderão simplesmente comprometer-se daquela mesma forma. A lógica se inverte, e se complica.

Se a ideia política é pela ampliação do público na/da dança, muitas ações em conjunto devem ser organizadas, inclusive (e especialmente), ações políticas. Mas isso não significa colocar-se a serviço daquela noção de cadeia produtiva.É preciso olhar para os lados e de maneira não linear, ou seja, visualizar os artistas que estão em diversas margens, propondo diversas questões. Eles não podem ser esquecidos na construção de políticas culturais, pois estas também são políticas sociais.

Talvez o erro esteja na associaçãoda "formação de público" com a criação de "consumidores de dança". Ou seja, "formar público" não deveria estar associado somente a "formar ou constituir" consumidores. A arte da dança vai além.

Posta dessa forma, a rede torna-se implacável com o artista, que passa a ser responsável pelo seu sucesso ou fracasso.

> O que chamamos de "público", ou seja, cidadãos comuns, é convidado ao espetáculo e não tem como não aquiescer. Com seu julgamento estético posto entre parênteses, a questão é antes de mais nada fazê-lo se dar conta de que se trata de arte contemporânea, independentemente do que ele próprio possa pensar. O preço e a cotação estão lá para lhe assegurar que o espetáculo tem valor. Que é de fato arte, uma vez que as obras estão expostas em um local *ad hoc*, no museu ou em galerias de arte contemporânea. (CAUQUELIN, 2005, p. 79).

Muito embora o posicionamento de Cauquelin, como referido anteriormente, seja sobre arte visual contemporânea – seu autoconsumo e sua auto exibição –, suas considerações nos ajudam a trazer à baila os argumentos com os quais podemos iniciar a "resposta" da pergunta feita no início deste texto: que "economia" e que "dança" é essa da "economia da dança?". Para ela, "é a rede que expõe sua própria mensagem: eis o mundo da arte contemporânea. E assim o público consome a rede, enquanto a rede consome a si própria." (CAUQUELIN, 2005, p. 79).

O trabalho, para a teoria do valor de Adam Smith, na era pré-capitalista sempre funcionou como o grande produtor de riquezas, como preço de tudo. A partir do momento que a propriedade privada foi crescendo e seus monopolizadores também, o valor passou a não constar apenas no trabalho, mas na soma do salário, dos lucros e alugueis, o que deslocou a importância do trabalho do sujeito em si para o detentor do capital, o empresário. É sobre essa perspectiva que se assenta o que essa "economia da dança" reflete: o valor do trabalho artístico não está no trabalho artístico em si, pois não estamos numa era anterior ao capitalismo (feliz ou infelizmente), mas sim no que o trabalho artístico pode produzir para retroalimentar a rede sem fim.

O preço e o valor não se unem ao trabalho. Eles se dissociam e constroem instâncias de representatividade que variam de acordo com o produto que é fabricado, deixando mais fácil entendermos que "dança" é essa mencionada na "economia da dança": arte fabricada *versus* a arte criada.

Tal situação gera um emperramento cultural no aspecto público/dança: 1) a política pública cultural, em nível federal, é escassa para a dança, não atendendo o seu contingente artístico; 2) além de insuficiente, é ineficaz, com rombos na sua execução, como por exemplo, o do "consumo", que ainda não foi formulado legalmente; 3) não existem marcos legais de Estado, mas sim políticas de governo, que não estabilizam as atuais ações que estão sendo realizadas; 4) por serem políticas de governo, tendem a não observar o desenvolvimento social, mas a oportunidade social. Estas são algumas, dentre outras, questões que devem ser levadas em conta.

O mais grave é que essa situação acabou por desenvolver um sintoma na dança: a indisponibilidade e a indisposição do artista em lidar com estas questões. Há, por certo, artistas que incluem estas preocupações em seus projetos, mas nem sempre esses mesmos artistas conseguem dar continuidade ao que iniciaram. Uma vez que todos os artistas se colocam na condição de produzir a partir dos editais aos quais concorrem, e nem sempre todos eles são selecionados em todos os que se inscrevem, a intermitência acaba fazendo parte de seus modos de existir – e aqui é bom que se registre claramente o plural.

Com as energias voltadas para o ciclo dos editais, se acomodam ao sistema de rodiziamento que ocorre e ficam esperando a próxima vez em que serão os escolhidos. Acabam rendendo-se ao "sintoma". E o que este tem causado reflete-se na qualidade da produção em dança no país e, também, na manutenção em repertório dos trabalhos e projetos de pesquisa criados em uma companhia ou grupo, por exemplo. Ainda é preciso contar com a ausência de compromisso do artista com o coletivo social implicada nesse "sintoma", pois cada qual está voltado apenas para a sua própria subsistência – não há tempo para preocupações que extrapolem o "sobreviver".

Trata-se de um desserviço público quando o fazer artístico deixa de funcionar como um mediador político cultural. Afinal, como se sabe, o edital deixou, há muito tempo, de ser o que é – um instrumento político legal de distribuição da verba pública –, e consolidou-se como a única alternativa de existência para os artistas. Transformou-se na mediação "perfeita" de uma dinâmica que se estabeleceu: recebo o dinheiro do financiamento, monto o trabalho, apresento-o e depois, para que ele não desapareça depois de 3 ou 4 apresentações, busco outro edital para tentar fazer o trabalho circular, sem garantias de vitória.

Ou seja, o próprio artista é quem sustenta a estrutura de uma existência condicionada em torno do edital, cuja produção está fadada à descontinuidade em virtude da inoperância político-cultural do país. O edital como política, e não mais como um dos instrumentos políticos do fazer política, deixa o fazer dança com pouco chão para rascunhar ou quase nenhum chão para auscultar. Dessa forma, como podemos pensar no final da dita "cadeia produtiva" se o estabelecimento inicial dela já se torna um problema entre fabricação e criação pela ausência de estabilidade política?

Primeira mediação, primeira margem

> No início da sua gestão à frente do Ministério da Cultura, quando perguntado sobre os critérios que iriam pautar a política cultural do governo, o ministro Gilberto Gil respondeu: "*a abrangência*". Esse critério, que a princípio parecia vago, foi seguido à risca e sua definição mais precisa acabou se delineando na concepção tridimensional da cultura, que se consolidou como a principal marca da política cultural implantada no país, nos últimos anos. (SNC, 2011, p. 33) (Grifo nosso).

No "parêntese" anterior percebemos que existem dois problemas pertinentes à cadeia produtiva da dança: um que se agravou em face da inobservância do outro, contribuindo, assim, para o estado atual da política cultural praticada, que produziu o sintoma anteriormente descrito.

Se conseguimos pensar a existência de uma cadeia produtiva como a que mencionamos anteriormente, então conseguiremos compreender que "os atores da cadeia produtiva são os responsáveis pelas tomadas de decisão, as quais podem interferir na coordenação da cadeia." (ZYLBERSZTAJN, FARINA & SANTOS, 1993, p;45).

Nesse contexto, a "rede" que mencionamos, onde todos os "fornecedores" da cultura da dança estão inseridos e trabalhando em prol daquele segmento funciona, realmente, como o espaço de poder decisório, pois a coordenação de uma cadeia parte da força dos agentes que nela se encontram para mantê-la ou modificá-la.

Se pensarmos na colocação do ex-Ministro da Cultura Gilberto Gil sobre o requisito da abrangência como diversidade e pluralidade dos fazeres artísticos brasileiros, então, por ordem, poderemos pensar nessa mesma diversidade e pluralidade na cadeia produtiva e na economia, considerando a sua complexidade como um aspecto integrativo tanto para a produção de políticas públicas para a dança como para alternativas de ação em dança que mantenham toda a rede envolvida com o segmento para além da sobrevivência.

No livro *Em busca de novo modelo: reflexões sobre a crise contemporânea*, Celso Furtado (2002) pondera sobre o subdesenvolvimento e o papel do economista na sua observação social diária. Para ele, "toda ciência trabalha com esquemas conceituais, mas testa esses esquemas confrontando-os com a realidade. Para um economista, observar o mundo real é saber esquematizá-lo, simplificá-lo" (FURTADO, 2002, p. 70). Muito embora para o criador artístico o caminho seja inverso, ele vem tentando reproduzir um pensamento "economista", e isso tem consolidado uma espécie de processo de acumulação bastante peculiar, em face do desmantelamento daquele olhar sobre a cadeia produtiva.

> A inventividade não-cumulativa – mais precisamente, toda criação ligada à consciência de valores substantivos – tendeu a minguar nesse contexto cultural comandando pela lógica dos meios, a qual leva a uma visão fragmentária do homem (FURTADO, 2002, p. 61-62).

Portanto, "As políticas dedicadas ao fortalecimento da economia da cultura precisam, acima de tudo, passar ao largo da sedução economicista inscrita na relação entre cultura e economia e garantir mecanismos de proteção e promoção da diversidade cultural" (MIGUEZ, 2011, p. 07), considerando como economia da cultura, também, a "multifacetada produção cultural realizada por artistas independentes e comunidades" (MIGUEZ, 2011, p. 07), para pararmos de raciocinar "em termos de que se a taxa de inflação é baixa, então há prosperidade, e se, além disso, o Produto Interno Bruto *per capita* for alto, estaríamos numa situação de bem-estar pleno" (SEN E KLIKSBERG, 2010, p. 304).

Se não conseguirmos reverter esse contingente lógico e reavaliarmos a pluralidade das ações artísticas na área, estaremos eternamente condenados a emitir pareceres em dança como se economistas fôssemos, e isso nos conduzirá (como tem nos conduzido) a um período de extrema ausência de conexão entre desenvolvimento e dança, entre desenvolvimento e política cultural, fazendo com que a possível mediação da rede tenda à margem da sociedade e ali, para sempre, aporte.

ATO 2
DESENVOLVIMENTO COMO...

O que faz a diferença no modo como enxergamos os processos comunicacionais no mundo está diretamente ligado à forma como admitimos e organizamos, política e conceitualmente, as fundações do desenvolvimento. Assim se encerra a primeira parte do Relatório MacBride (UNESCO, 1983), também conhecido como *Many voices one world: towards a new more just and more efficient world information and communnication order*[13], apresentado preliminarmente em 1978 e finalizado em 1980, pela "Comissão Internacional para Estudo dos Problemas da Comunicação", da UNESCO, que contava com 15 convidados – entre eles, escritores, jornalistas e acadêmicos do mundo – tendo como presidente Sean MacBride[14], da Irlanda.

---

13. Um mundo e muitas vozes: diante de um novo mundo da informação e de uma ordem de comunicação mais justa e eficiente.
14. Sean MacBride foi um político de nacionalidade irlandesa, vencedor do Nobel da Paz em 1974. Ele presidiu a Comissão Internacional para Estudo dos Problemas da Comunicação, da UNESCO - Organização das Nações

O Relatório deflagrava questões ainda não discutidas, muito menos resolvidas, na área da comunicação global, como a verticalização das informações e, em face disso, a criação de um fluxo unidirecional de informação, que não objetivava a democracia como seu principal pilar.

O que *a priori* causou (e ainda causa) – por parte do relato – muito estranhamento em debate mundial, torna-se o principal ponto de reflexão para a relação entre comunicação e desenvolvimento no Brasil, especificamente quanto ao que compreendemos e estabelecemos por democracia e Estado de Direito.

No artigo "Relatório MacBride – História, importância e desafios", a problemática conceitual do relato residia entre "informação" e "comunicação", partindo da concepção de que comunicação era algo extremamente linear, pois entre as décadas de 1920 e 1960, o *Mass Communication Research*, que visava entender como se davam os processos naquela área, desenvolveram correntes como a "teoria da informação"[15] e a "teoria hipodér-

---

Unidas para a Educação, a Ciência e a Cultura, a pedido do então presidente Ahmadou-Mahtar M'Bow. Da comissão ainda faziam parte Alie Abel, dos Estados Unidos; Gabriel García Márquez, da Colômbia; Hubert Beuve-Méry, da França; Elebe Ma Ekonzo, do Zaire; Serguei Losev, da União Soviética; Mochtar Lubis, da Indonésia; Mustapha Masmoudi, da Tunísia; Michio Nagai, do Japão; Bogdan Osolnik, da Iugoslávia; Gamal El Oteifi, do Egito; Johannes Pieter Pronk, da Holanda; Juan Somavía, do Chile; Boobli George Verghese, da Índia; Betty Zimmerman, do Canadá; Fred Isaac Akporuaro Omu, da Nigéria.

15. A "teoria da informação", também chamada de "teoria matemática da comunicação", surgiu como uma ramificação da "teoria da probabilidade" e da "matemática estatística". Ela pensa o sistema de dados e suas transmissões, as codificações, a compressão de dados*etc*. Claude E. Shannon publica

mica"[16]; assim como a "*Two-Step Flow*"[17], que tratavam de encarcerá-la em um modelo em que "o público apenas recebia a mensagem, que vinha de uma fonte de informação, e respondia a ela do modo estímulo-resposta" (ALCURI, 2012, p. 148), "como transmissão de informação" (ALCURI, 2012, p. 148), o que não é (era) enriquecedor.

E a razão de não sê-lo, ainda pelas pesquisadoras, é que "ao longo dos anos, percebeu-se que a comunicação é algo muito mais amplo do que a reação dos indivíduos após receber uma dada informação" (ALCURI, 2012, p. 148), e que o conceito de *feedback* – como alternativa de expressão de opinião pública – também não era efetivo, porque não partia da desprogramação do pensamento do

---

em 1948 o trabalho intitulado The Mathematical Theory of Communication no Bell System Technical Journal, da Bell System, filiada da AT&T (WOLF, 2007, p. 108). Shannon, matemático e engenheiro elétrico, foi admitido em 1941 pelos laboratórios Bell para trabalhar com criptografia, e por conta dessa atividade, ele estabelece hipóteses para formular a sua teoria matemática (MATTELART, 2003, p. 58). Essa teoria é uma sistematização do processo de comunicação visualizado de uma postura técnica (ARAÚJO, 2008, p. 121). O que significa dizer que é uma teoria que trabalha com estatística e matemática tendo em vista a quantificação de uma informação, ou seja, o que importa é a medida do conteúdo da informação, a sua taxa (PIGNATARI, 2008, p. 21). A proposta era encontrar uma forma de transmitir as informações, no campo da telefonia, da melhor forma possível ao menor custo. Segundo Polistchuk e Trinta (2003, p. 102), esse modelo tem por objetivo responder a três questões: técnica, semântica e informativo-comunicacional. (MUNAKATA, 2011, p.29).

16. Já a "teoria hipodérmica", de Harold D. Lasswell, concentra sua performance em fortalecer a ideia de igual proporção, ou seja, uma mensagem desenvolvida pela mídia e, em seguida, lançada por ela é imediatamente espalhada entre os receptores.
17. A "teoria two-step flow", de Paul Lazarsfeld, define a comunicação em dois níveis: 1) através dos meios; e 2), a partir dos líderes e pessoas influentes no mundo.

indivíduo ao emitir seu verdadeiro ponto de vista, mas sim da sua programação. Logo:

> Todo mundo tem o *direito de comunicar*. Os elementos que integram esse direito fundamental do homem são os seguintes, sem que sejam de modo algum limitativos: a) o direito de reunião, de discussão, de participação e outros direitos de associação; b) o direito de fazer perguntas, de ser informado, de informar e os outros direitos de informação; c) *o direito à cultura, o direito de escolher, o direito à proteção da vida privada e outros direitos relativos ao desenvolvimento do indivíduo...* para garantir o direito de comunicar seria preciso dedicar todos os recursos tecnológicos de comunicação a atender às necessidades da humanidade a esse respeito (UNESCO *apud* HARMS, 1983, p.173). (Grifo nosso)

O "direito de comunicar", como dito acima, propõe pensarmos a comunicação e a própria informação sob a ótica da democracia. Afinal, "ter o direito" a algo perpassa por atos legislativos que consolidam o poder democrático. Porém, antes, é preciso entendermos de qual democracia estamos falando e como essa ideia de poder se constituí para a sociedade, pois, se apenas pensarmos o acesso à informação e sua ampliação para as pessoas como uma vertente democrática da comunicação, correremos o risco de sermos levianos com a ideia de desenvolvimento e, por conseguinte, com a rede de comunicação que busca desenvolver estratégias para a manutenção da arte, da dança.

Portanto, primeiramente, cabe compreendermos de qual desenvolvimento estamos falando, pois "o que faz a diferença na forma como enxergamos os processos comunicacionais no mundo está diretamente ligado à forma como admitimos e organizamos (...) as fundações do desenvolvimento", conforme dito no início do texto.

...Liberdade

Para o economista indiano Amartya Kumar Sen, em *Desenvolvimento como liberdade* (2000), o desenvolvimento acontece quando vem nutrido da expansão das liberdades (econômica, política e social), que ele chama de "liberdades reais". Elas se potencializariam através da sua instrumentalização em (1) liberdades políticas, (2) facilidades econômicas, (3) oportunidades sociais, (4) garantias de transparência e (5) segurança protetora: "Essas liberdades instrumentais tendem a contribuir para a capacidade geral de a pessoa viver mais livremente, mas também têm o efeito de complementar umas às outras" (SEN, 2000, p. 58) porque, para Sen, a liberdade não é apenas o objetivo do desenvolvimento, mas seu principal meio.

Crescimento ≠ progresso ≠ desenvolvimento

A categorização dos países em "desenvolvidos", "subdesenvolvidos" e "em desenvolvimento" fez com que a forma como enxergávamos a evolução social também fosse categorizada por uma ideia de desenvolvimento associada à ideia de crescimento e progresso enquanto processo acumulativo.

Até meados do século XX, o mundo capitalista ocidental compartilhava uma mesma preocupação, advinda da Revolução Industrial e temperada pela expansão da tecnologia: fazer com que as políticas econômicas fossem eficazes a ponto de promover um significativo crescimento econômico. Logo desencadeou-se uma economia focada no poder de concentração de riquezas, dando destaque aos países desenvolvidos, ou seja, àqueles que conseguiam "acumular/concentrar" cada vez mais produção de insumos, importação, exportação *etc*.

Porém, para os que assumiam o destaque negativo de "subdesenvolvidos", restava a espera do deslocamento dessa condicionante, em algum momento, para assumirem o papel de "desenvolvidos", acreditando ser o crescimento econômico uma etapa a ser conquistada.

> Em suas variações normais, os países geralmente movem-se da ordem para a desordem, e desta voltam para a ordem, porque – uma vez que a Natureza não permite que as coisas do mundo permaneçam estáticas – quando atingem o máximo de sua perfeição e não tem mais possibilidades de elevar-se, eles devem necessariamente descer. Da mesma forma, quando tiverem descido e, por seus defeitos, atingirem as maiores profundezas, obrigatoriamente voltam a subir, pois não podem mais descer além do que já foram. Portanto, sempre descem do bom ao ruim, e do ruim sobem de volta ao bom (NISBET, 1980, p. 107). (Tradução nossa)[18]

---

18. *In their normal variations, countries generally go from order to disorder and then from disorder move back to order, because – since Nature does not allow worldly things to remain fixed – when they come to their utmost perfection*

O problema é que,

> Com efeito, o subdesenvolvimento é um processo histórico autônomo, que nada tem a ver com o atraso e com a estagnação. Não é uma etapa pela qual tenham que passar necessariamente as economias que já alcançaram grau superior de desenvolvimento. É uma forma de crescimento com certas características particulares, que são uma verdadeira armadilha histórica (FURTADO, 2002, p. 76 -77).

Essa "armadilha histórica" conseguiu atrelar o ideal de progresso ao de crescimento, especificamente "...numa interpretação da história que enxerga a humanidade avançando lenta e indefinidamente em uma direção desejável." (DUPAS, 2006, p. 30).

> Esse processo precisa originar-se da natureza social do homem e não de forças externas. Mas, ainda assim, se a direção é inexorável, como deixar de vê-la como um destino? Torna-se, nesse caso, obrigatório associar à ideia de progresso a possibilidade de retrocesso ou declínio. Embora se possa julgar, por critérios mais subjetivos ou objetivos, que houve progresso ou declínio num período passado, parece claro que não pode haver garantia nenhuma de continuidade de qualquer dessas alternativas no futuro. Até porque garantia é incompatível com história (DUPAS, 2006, p. 30).

---

and have no further possibility of rising, they must go down. Likewise, when they have gone down and through their defects have reached the lowest depths, they necessarily rise, since they cannot go lower. So always from the good they go down to bad and from bad rise to the good.

O progresso, então, constituiu-se como mais um artifício a reforçar a ideia de que o crescimento parte de um processo de universalização de riquezas: se o país que hoje é rico passou pelo subdesenvolvimento, o meu, pobre, também vencerá essa tormenta e galgará o "espaço prometido". O que essa "teoria" traz, além de longos e terríveis enganos políticos, é o reforço de um aspecto positivo e simplista: se quero, consigo.

O crescimento, descrito dessa forma, assemelha-se ao que, já na década de 1970, Celso Furtado expôs em seu livro *O mito do desenvolvimento econômico* (1972). Para Furtado, existia um entendimento completamente mitificado sobre o desenvolvimento, não apenas por pensarem-no como a capacidade de universalizar as riquezas do mundo, mas por acreditarem que ele se fixava apenas nos seus "objetivos abstratos" (1972, p. 32), que são "os investimentos, as exportações e o crescimento" (p. 32) – aspectos exclusivamente quantitativos, sem substancialidade humana.

> Há mais de vinte anos já me parecia claro que a entropia do universo aumenta, isto é, que o processo global de desenvolvimento tem um considerável custo ecológico. Mas só agora esse processo se apresenta como uma ameaça à própria sobrevivência da humanidade. O fato é que a civilização industrial e o modelo de vida por ela engendrado têm um custo considerável em recursos não-renováveis. Generalizar esse modelo para toda a humanidade, o que é promessa do chamado desenvolvimento econômico, seria apressar uma catástrofe planetária que parece inevitável se não se mudar o curso desta civilização (FURTADO, 2002, p. 78).

Furtado aponta na mesma direção que Sen, anos depois, apontaria: o que realmente podemos considerar como desenvolvimento parte de outras lógicas, diversas dos processos de acumulação. Porém, ele nos faz observar que essa inteligência expõe um sonho, uma vontade e um desejo de bonança social do homem, pois tais concepções – "progresso e prosperidade" – reforçam as crenças de que podemos sair da condição em que nos encontramos socialmente, no intuito de buscarmos algo melhor para nós. Logo, crescimento "deve ser" desenvolvimento, e a Filosofia do Girino, de Richard H. Tawney (1961), exposta em *The capitalist world economy* (1979), do economista norte-americano Immanuel Wallerstein, reforça isso:

> É possível que girinos inteligentes se resignem com a inconveniência de sua posição, ao refletir que, embora vá viver e morrer como girino e nada mais, os mais afortunados da espécie um dia perderão seu rabo, distenderão sua boca e estômago, pularão lepidamente para a terra seca e coaxarão discursos para seus ex-amigos sobre as virtudes pelas quais girinos de caráter e capacidade podem ascender à condição de sapos. Essa concepção de sociedade pode ser descrita, talvez, como a Filosofia do Girino, uma vez que o consolo que oferece para os males sociais consiste na declaração de que indivíduos excepcionais podem conseguir escapar deles... E que visão da vida humana essa atitude sugere! Como se as oportunidades para a ascensão de talentos pudessem ser igualadas numa sociedade em que são desiguais as circunstâncias que os cercam desde o nascimento! Como se fosse natural e adequado

que a posição da massa da humanidade pudesse ser permanentemente tal que lhe permitisse atingir a civilização escapando dela! Como se o uso mais nobre dos poderes excepcionais fosse bracejar até a praia, sem se deixar deter pelo pensamento nos companheiros que se afogam! (TAWNEY *in* WALLERSTEIN, 1979 p. 110).

Essa "filosofia" reflete uma conduta de condicionamento, pois faz o homem acreditar que existem chances de abundância para ele e seus demais, bastando saber "bracejar até a praia". Mas não deixa de destacar um contraponto negativo, que não deve passar em branco, como se fosse normal, quando diz: "sem se deixar deter pelo pensamento nos companheiros que se afogam".

Sem dúvida, a ideia de ciclos de bem-aventurança e desventura sociais trazem precedentes significativos para o argumento, pois eles conseguem confeccionar um conceito de "não estagnação", tão necessário para pensarmos a "Filosofia do Girino": em um momento, a civilização estará mal e não progredirá, e em outro, ascenderá da sua condição de miséria e conseguirá reestabelecer novos mundos e riquezas. Então, existe a possibilidade de "não se afogar".

Esse é o pensamento positivo sobre a narrativa do girino e sobre crer que o crescimento é um caminho para a "inclusão" social dos "excluídos". Porém, é preciso cautela, pois

> (...) decisivo é, sobretudo, o fato de que, lado a lado com o processo pelo qual a exceção se torna em to-

dos os lugares a regra, o espaço da vida nua, situado originalmente à margem do ordenamento, vem progressivamente a coincidir com o espaço político, e exclusão e inclusão, externo e interno, *bíos* e *zoé*, direito e fato, entram em uma zona de irredutível indistinção (AGAMBEN, 2010, p. 16).

O conjunto negativo dessa articulação teórica está em não pensarmos que esse escalonamento progressista de crescimento atordoa a visão sobre o que é deixado para trás, borrando o que está adiante, e ocasionando o que o economista italiano Giovanni Arrighi (1998) chama de "escalas de ilusão".

Os Estados, individualmente, podem cruzar o golfo que separa a periferia da semiperiferia, mas também nesse caso as oportunidades de avanço econômico, tal como se apresentam serialmente para um Estado periférico de cada vez, não constituem oportunidades equivalentes de avanço econômico para todos os Estados periféricos. O que cada Estado periférico pode realizar é negado, desse modo, aos outros (ARRIGHI, 1998, p. 220).

Sendo assim, não basta ao girino encontrar um caminho de chegar ao solo e fazer parte da grande massa, considerando-se, assim, relevante para a história por participar efetivamente dela. É preciso que ele consiga enxergar por quais motivos ele está ali e, especialmente, como ele se manterá na sua atual situação, além de observar o coletivo ao seu redor e fazer algo por ele. Por isso, devemos atentar para o fato de que o que separa uma lógica de crescimento de uma de desenvolvimento é o material físico: as pessoas.

Em virtude disto, o pensamento de Sen desarma os códigos solidificados de um falso desenvolvimento e nos aproxima da "liberdade" como discussão chave na identificação de que o real desenvolvimento parte.

Condição de agente: o "pastor" e o potencial do seu *flock*

No Estado de bem-estar social ou *Welfare State*[19], o sujeito-cidadão é visto como um "paciente" – alguém que necessita de cuidados e auxílios emergenciais para sair de sua "condição". Condição esta que requer cuidados e atenção por parte do Estado-mãe. Mas, mais do que isso, requer tempo. Tempo de escuta – a fim de saber quais são os problemas e como eles se dão, para saber exatamente onde intervir. Esse tempo projeta um planejamento, e este constitui políticas que vão direcionar as ações e execuções no plano real.

Já a "condição de agente" resgata o encontro desse mesmo sujeito com a sua condição de "partícipe" efetivo de sua própria vida, fazendo-o refletir sobre os papéis que

---

19. Designação dada pelo político britânico Sir Alfred Zimmern, na década de 1930, que vem da concepção de *PowerState*: "o predomínio da lei sobre o poder, da responsabilidade sobre a força, da Constituição sobre a revolução, do consenso sobre o comando, da difusão do poder sobre sua concentração, da democracia sobre a demagogia" (KERSTENETZKY, 2012, p. 1). Em face disto, o *Welfare State* é a entidade responsável por promover politicamente a organização da economia, auxiliando a sociedade no desenvolvimento de suas oportunidades.

ocupa na sociedade e como pode tornar suas declarações a base "para a constituição de uma sociedade nova e sustentável" (HARDT & NEGRI, 2014, p. 9).

> A realização da condição de agente de uma pessoa refere-se à realização de objetivos e valores que ela tem razão para buscar, estejam eles conectados ou não ao seu próprio bem-estar. *Uma pessoa como agente não necessita ser guiada somente por seu próprio bem-estar*, e a realização da condição de agente refere-se ao seu êxito na busca da totalidade de seus objetivos e finalidades ponderados. Se uma pessoa almeja, digamos, a independência de seu país, ou a prosperidade da sua comunidade, ou algum outro objetivo geral, sua realização da condição de agente envolveria a avaliação de estados de coisas à luz desses objetivos, e não meramente à luz da extensão na qual essas realizações contribuíram para seu próprio bem-estar (SEN, 2008, p. 103). (Grifo nosso).

Para deixar de ser paciente e se tornar agente é preciso que a visão política sobre o homem e suas necessidades seja modificada para uma visão, também, de desenvolvimento.

> Continuamos a falar de planejamento econômico como se tratasse de um problema de opção entre técnicas elaboradas por hábeis economistas, quando o planejamento pressupõe a formulação de política e atitude com respeito ao grau de racionalidade que se deseja alcançar em política econômica. Ora, não cabe pensar em política senão em termos de fatores que condicionam o exercício do poder, o que

exige superar os "modelos" analíticos" e abordar a atividade humana concreta dentro de uma realidade histórica (FURTADO, 1964, p. 77-78).

"Pode-se dizer que nada atualmente é tão importante na economia política do desenvolvimento quanto um reconhecimento adequado da participação e liderança política, econômica e social das mulheres." (2000, p. 263). Substituindo, sem prejuízo, "mulheres" por "pessoas", para Sen "Esse é, de fato, um aspecto crucial do 'desenvolvimento como liberdade'." (2000, p. 263).

Então a condição de agente estaria diretamente conectada com a condição do sujeito de participar e liderar as mudanças sociais. Porém, "ter efetivamente a liberdade e a capacidade para fazer alguma coisa impõe à pessoa o dever de refletir sobre fazê-la ou não, e isso envolve reponsabilidade individual. Nesse sentido, a liberdade é necessária e suficiente para a responsabilidade (SEN, 2000, p. 361).

Mas essa responsabilidade individual não se aparta da sua responsabilidade coletiva, afinal "Os agentes da mudança já afluíram às ruas e ocuparam praças da cidade, não só ameaçando e derrubando governantes, mas também evocando visões de um novo mundo." (HARDT & NEGRI, 2014, p. 9)

E nesse novo mundo resta o sujeito compreender a extensão dessa liberdade, pois é nesse cumprimento que reside a intensidade de suas ações de fazer e de não fazer para si e para o outro. É exatamente aí que ele entende seu papel de ator social e promove os seus discursos e deliberações. Mas para que isso ocorra não basta o homem desejar. Por isso, a ideia de crescimento como desenvolvimento mitificado não funciona (mais). Ela se desmancha na própria inoperância do "desejo", pois, concretamente, ela não se estabelece, esbarrando sempre em condicionantes hierárquicas de nacionalidade, indústria, campos tecnológicos e subdesenvolvimento.

Para o Estado de bem-estar social (*Welfare State*), seu compromisso instala-se na obrigatoriedade de potencializar o "rebanho" ou *flock*. As virtudes constitucionais brasileiras ocupam-se de estabelecer um terreno fértil para a produção de políticas, sejam econômicas, culturais, sanitárias etc, que atuem para o bem-estar da pessoa, mas não consideram nenhum compromisso quanto à manutenção delas no tempo e no espaço. Assim como não observam "qual" qualidade de "bem-estar" é essa que está sendo produzida.

Já a condição de agente do sujeito é a de potencializar o "rebanho como coletivo", dinamizando suas ações no mundo para o efetivo prolongamento delas, entregando a "ele" os instrumentos de ação, para oportunizar seu uso, fazendo-o ser responsável pela sua liberdade porque dela advém a do outro sujeito. É conseguir consolidar essa identificação no homem sobre suas reais atribuições e sua real capacidade de realizá-las ou não. E esse "ou não" é a grande chave que abre as portas dessa ideia de "liberdade como desenvolvimento". O "ou não" é a duplicidade. Ele é a outra resposta. Ele é a oportunidade da qual falamos quando mencionamos as "oportunidades sociais" das "liberdades instrumentais".

Essa negativa revela que existe uma outra forma do homem interagir com o mundo. O propósito da "escolha", então, revela-se como um direito do sujeito que parte da compreensão da extensão de suas alternativas: ele pode querer e/ou não querer. Por isso que:

> A utilidade da riqueza está nas coisas que ela nos permite fazer – as liberdades substantivas que ela nos ajuda a obter. Mas essa relação não é exclusiva (porque existem outras influências significativas em nossa vida, além da riqueza) nem uniforme (pois o impacto da riqueza em nossa vida varia conforme outras influências). É tão importante reconhecer o papel crucial da riqueza na determinação de nossas condições e qualidade de vida quanto entender a natureza restrita e dependente dessa relação. (...) Sem desconsiderar a importância do crescimento econômico, precisamos enxergar muito além dele (SEN, 2000, p. 28).

O problema é que o "não" é uma construção para o ser humano, que parte justamente do espaço de oportunidades sociais sempre em total expansão. Portanto, se esse *locus* expansivo não se flexibiliza a ponto de receber quem ainda não entende o "não", mas pode vir a compreendê-lo, estaremos fadados a mantermos o escalonamento social sem alternâncias, fortalecendo o nosso *status quo*, enquanto alguns girinos ficam para trás, esquecidos. E isso não será problema nosso, pois não o entendemos como sendo nosso, de fato. Afinal:

A riqueza de uma nação depende, em última análise, da capacidade produtiva e dos níveis de educação de seu povo. A velocidade de expansão social e econômica fica, em grande parte, subordinada à taxa de formação de *capital humano*. Assim, o investimento no desenvolvimento do homem deve ser uma das principais preocupações de toda nação que espera progredir no mundo moderno (HARBISON, 1965, p. 75). (Grifo nosso).

Conforme dito anteriormente, entender o papel do crescimento deveria ser, somente, entender o papel do crescimentoe colocá-lo de lado. Logo perceberíamos que não estamos sozinhos na construção de potencialidades humanas e que tampouco somos irresponsáveis diante delas.

Considero a extensão do conjunto de escolhas, ou seja, um aumento do conjunto de alternativas efetivas disponíveis às pessoas, o principal objetivo e critério do desenvolvimento econômico; e julgo uma medida principalmente segundo seus efeitos prováveis sobre o conjunto de alternativas disponíveis aos indivíduos (BAUER, 1971, p. 113-114).

Portanto, essa responsabilidade em dinamizar as capacidades humanas, potencializando seus desejos de escolher algo deve estar na base de uma ideia de desenvolvimento, mais especificamente numa consolidação política, pois esta "ocupa-se do que se vê e do que se pode dizer sobre o que é visto, de quem tem competência para ver e qualidade para dizer, das propriedades do espaço e dos possíveis do tempo." (RANCIÈRE, 2005, p. 17). Contudo, não é só isso. O desenvolvimento, para alcançar o caráter libertário e conduzir o homem a respeitar e compreender os outros agentes de suas condições, precisa estar atento à manutenção dessas políticas e ações, e é sobre isso que falaremos mais adiante.

...DEMOCRACIA

É sobre esse desenvolvimento que assentamos nossas ideias de democracia? Sim. Pois, a partir do instante em que as liberdades instrumentais são distribuídas de maneira acertada, acabam gerando um poder que não possui nenhuma semelhança com poder hegemônico, mas sim social. A influência dessa natureza de poder, que nasce de situações de expansão das liberdades através desses instrumentos recai, conscientemente, sobre a possibilidade da escolha, formalizando a democracia.

A democracia, enquanto possibilidade de escolha, encontra precedente, na filosofia política contemporânea, dentro da perspectiva de John Rawls (1971), no "exercício da razão pública". Para ele, "a ideia que especifica a democracia deliberativa é a própria ideia de deliberação. Quando os cidadãos deliberam, trocam opiniões e discutem respectivos argumentos sobre questões políticas públicas" (RAWLS, 2005, p. 579-580). Por isso:

> A democracia, Rawls nos ensinou, tem de ser vista não apenas em termos de cédulas e votos – por mais importantes que sejam –, mas primariamente em termos de "racionalidade pública", inclusive a opor-

tunidade para discussão pública e também como participação interativa e encontro racional. A democracia deve incluir, invocando uma frase de John Stuart Mill, um "governo através da discussão". De fato, eleição e votos são parte desse amplo processo público (SEN e KLIKSBERG, 2010, p. 54).

Podemos perceber, portanto, a conexão da democracia e do desenvolvimento em face da importância dos atos deliberativos por parte da sociedade, em interatividade com o que ocorre no mundo. A responsabilidade em lidar com os seus anseios e os dos outros é fatia imprescindível de ligação entre o desenvolvimento, a liberdade e a democracia. Afinal, "se uma maioria está disposta a apoiar os direitos das minorias, e até mesmo de indivíduos dissidentes ou discordantes, então a liberdade pode ser garantida sem ter de se restringir à regra da maioria" (SEN, 2011, p. 371). É a Filosofia do Girino ao contrário: você percebe quem se afoga e volta para ajudar, de alguma forma, pois compreende as implicações de suas ações no mundo e nas pessoas.

Por isso "a racionalidade requer que os indivíduos tenham vontade política de ir além dos limites de seus próprios interesses específicos" (SEN E KLIKSBERG, 2010, p. 54), a fim de que suas vontades não sejam encarceradas em discursos autoritários e que a reprodução deles não faça valer uma única história, que, consequentemente, é muito perigosa, por ser incompleta, conforme pondera a escritora nigeriana Chimamanda Adichie, em sua palestra "O perigo de uma única história" (2009): "A única história cria estereótipos. E o problema com estereótipos não é que eles sejam mentira, mas que eles são incompletos. Eles fazem uma história tornar-se a única história" (2009).

O desenvolvimento é relevante para sabermos qual democracia está sendo pensada e demandada, justamente porque não existe a possibilidade do desenvolvimento acontecer sem a ideia constituinte de vida. E a vida que queremos está conectada com os imperativos de liberdade que temos, com a possibilidade de nos expressarmos da maneira como achamos importante, e de interagirmos nas demandas que nos circundam: "seu valor precisa depender do impacto que eles têm nas vidas e liberdades das pessoas envolvidas, que necessita ser central para a ideia de desenvolvimento." (SEN, 2011, p. 381).

> Se o desenvolvimento é entendido de forma mais ampla, com ênfase nas vidas humanas, então se torna imediatamente claro que a relação entre o desenvolvimento e a democracia tem de ser vista, em parte, com relação à sua ligação constitutiva, e não apenas através de suas ligações externas. Mesmo que frequentemente se faça a pergunta de se a liberdade política "conduz ao desenvolvimento", não devemos omitir o reconhecimento crucial de que as liberdades políticas e os direitos democráticos estão entre os "componentes constitutivos" do desenvolvimento. Sua relevância para o desenvolvimento não tem de ser estabelecida *indiretamente* através de sua contribuição para o crescimento do PIB (SEN, 2011, p. 381).

Mas para que essa atenção aos impérios da vida em função da racionalidade se apresentem, dentro dessa identificação de que não estamos sozinhos em nossos contingentes, precisamos nos adaptar à construção de discernimentos sociais, nos quais a justeza das deliberações sociais atente para o "acesso à informação relevante, a oportunidade de ouvir pontos de vista variados e exposição a discussões e debates públicos abertos." (2010, p. 54). Para eles, na "busca de objetividade política, a democracia tem de tomar a forma de uma racionalidade pública construtiva e eficaz." (2010, p. 54). E é neste ponto que entra o papel da imprensa e da mídia.

So... you think you can...?

Não é um papel de coautor, mas de protagonista da(s) ação(ões). A mídia revela, em seu arcabouço de atuação, uma das mais importantes facetas contributivas dessa racionalidade e, por certo, o tipo de liberdade da vida em sociedade. Aquele discernimento justo, do qual falamos acima, só pode acontecer e se repartir em outros tantos discernimentos justos se houver, nas pessoas, uma conjuntura que as possibilite extravasar o imposto e refletir sobre o proposto.

O que permeia a ideia da racionalidade no sentido democrático da palavra, é a chance que ela dá à vida de pensar sua completude. São as pontuações que trouxemos sobre o "fazer" e, especificamente, sobre o "não fazer", como opções possíveis de cada cidadão. É poder encontrar subsídios morais e legais que permitam ao povo dizer "não", o que está implícito no processo de escolha no qual a democracia se desenrola.

Portanto, a mídia – podemos enfatizar – é um dos *locus* sociais de grande significância na proliferação da racionalidade desenvolvimento/democracia, pelo seu "papel informativo, difundindo o conhecimento e permitindo a análise crítica" (SEN, 2011, p. 370). Por dever ser uma "racionalidade pública construtiva e eficaz", a mídia tem responsabilidade social na construção geral de políticas nacionais.

> Com efeito, a formação arrazoada de valores é um processo interativo, e a imprensa tem um papel crucial para tornar possíveis essas interações. Novas normas e prioridades (como a redução do tamanho das famílias e da frequência de gestações, ou o crescente reconhecimento da necessidade de equidade entre os gêneros) emergem através da discussão pública... (SEN, 2011, p. 370).

Não existe a possibilidade de não sermos afetados, especialmente agora – em um mundo cada vez mais conectado, cujas barreiras dos mundos *on line* e *off line* parecem não mais existir. Estamos hiperconectados a tudo que acontece em nosso entorno, muito embora isso não seja garantia de conhecimento. É uma realidade que nos leva a refletir sobre o tipo de desenvolvimento e democracia que estamos projetando para o nosso futuro político.

Para Martín-Barbero (2009), a informação está eivada de um discurso de poder mercadológico, ditado pelos publicitários, que pode borrar a fronteira da narrativa, da verdade e da fabricação, criando confusão sobre o que pode ou deve ser informado. Martín-Barbero fala de modelos que organizam a comunicação e regulam "o espaço real da informação" (BARBERO, 2004, p. 84) que, com o tempo, foram se impondo socialmente. Citando F. Colombo (1976), coloca que o primeiro modelo é "horizontal" e que "ele se caracteriza pela contenção do poder do Estado por parte da sociedade civil e a expansão da esfera pública, mas também pela sua identificação com os interesses da produção e do intercâmbio." (BARBERO, 2004, p. 84).

> *A notícia, convertida em produto e mercadoria, adquire o caráter sagrado desta*, ficando assim dotada do direito de invadir qualquer esfera, desde o Estado até a família, "ampliando progressivamente a definição de público, absorvendo e atenuando nela as diferenças ou contradições de classe e se detendo tão-só no limite extremo da tolerância média do público mais amplo possível." (COLOMBO, 1976, p. 54 *apud* BARBERO, 2004, p. 84). (Grifo nosso).

Colombo, na construção escrita de Barbero, aponta que existe outro modelo de informação, chamado de "vertical", e que ele se caracteriza "por uma conformação polarizada entre Estado e família, as duas instâncias que o modelo horizontal descarta como 'autoridades'" (BARBERO, 2004, p. 85), pois só existe o "livre mercado".

> No segundo modelo se trata de uma sociedade muito menos homogênea, mais fortemente fragmenta-

da e submetida a poderosas pressões, tanto políticas como religiosas. Neste tipo de sociedade, o espaço real da informação é o que emerge entre as pressões do Estado e da família, dupla censura da informação, dupla limitação da capacidade e da liberdade de informação: a institucional de "cima" e a da esfera da "intimidade". (BARBERO, 2004, p. 85-86).

Esse tipo está em "rápida decomposição" (BARBERO, 2004, p. 85), pois aquele modelo – o "horizontal" – tem encontrado um espaço cada vez maior na América Latina. Porém, mesmo nessa transição, o Brasil ainda está preso ao modelo vertical, no qual a *"notíciapolítica* é ainda a que estrutura o fluxo e a organização da informação" (BARBERO, 2004, p. 86).

Essa horizontalização da informação reflete algo extremamente sério e danoso no processo de exclusão social. O discurso de mercado, publicitário, visa a aceitação do produto, a fim de que suas vendas se expandam cada vez mais. Tudo se centra na operação de venda, desde a concepção do produto, que fica atrelada à cadeia produtiva da economia de mercado.

A cadeia produtiva mercadológica depende da distribuição para chegar no consumidor, ou seja, o nascimento do produto, que teve início com um processo criativo (voltado para a sua venda), necessita se expandir cada vez mais hoje. E a mídia é protagonista nesse processo. Em uma sociedade que baseia seus valores no que consome, a mídia, a quem cabe informar, possui uma relevância significativa, pois passa a funcionar cada vez mais como um formador de opinião, por articular e definir os espaços de convivência e as relações interpessoais, por isso que "não existe uma 'solução objetiva' para as contradições da sociedade capitalista. Em consequência, trata-se de elaborar as alternativas possíveis e selecionar a opção desejada" (BARBERO *apud* SERRANO, 2009, p. 287):

> O desenvolvimento não é orientado para soluções objetivas. É preciso, portanto, elaborar e decidir continuamente os objetivos da sociedade. Isto é fazer política" (BARBERO *apud* SERRANO, 2004, p. 287).

O tratamento publicitário reina em um mundo no qual tudo se espetaculariza, inclusive o que antes era chamado de vida privada, afinal "o espetáculo é o momento em que a mercadoria chega à *ocupação total* da vida social" (DEBORD, 2003, p. 24). Portanto, sem levar em consideração as implicações de todos os aspectos envolvidos na cadeia produtiva, o que prevalece é a distribuição da informação, também tratada como produto/mercadoria- *that you think you can buy*[20].

...Exclusão (Ou Exceção)

"A racionalidade requer que os indivíduos tenham vontade política de ir além dos limites de seus próprios interesses específicos" (SEN E KLIKSBERG, 2010, p. 54)

---

20. ...que você acha que pode comprar.

Não se pode cair na cilada de simplificar tudo dizendo que os "ricos estão ficando mais ricos e os pobres, mais pobres" (SEN e KLIKSBERG, 2010, p. 24). O importante é atentar para a desigualdade que o capitalismo promove e suas consequências no campo social. Ele constrói um espaço de exclusão que não é claro para todos.

Para perceber isso, talvez seja útil começar recordando que alguns conceitos clássicos de injustiça se preocupam de fato com "inclusão injusta" e não com exclusão. Esse é exatamente o caso da noção marxista de "exploração", no qual o problema consiste no fato de o trabalhador estar firmemente "incluído" em uma relação de produção na qual ele ou ela recebe menos do que lhe é devido (SEN E KLIKSBERG, 2010, p. 34-35).

Essa consideração remete para a poesia que Zé Geraldo, cantor e letrista mineiro, compôs para a música Cidadão (1978), de Lúcio Barbosa:

Tá vendo aquele edifício moço?
Ajudei a levantar
Foi um tempo de aflição
Eram quatro condução
Duas pra ir, duas pra voltar
Hoje depois dele pronto
Olho pra cima e fico tonto
Mas me chega um cidadão
E me diz desconfiado, tu tá aí admirado
Ou tá querendo roubar?

Meu domingo tá perdido
Vou pra casa entristecido
Dá vontade de beber
E pra aumentar o meu tédio
Eu nem posso olhar pro prédio
Que eu ajudei a fazer

Tá vendo aquele colégio moço?
Eu também trabalhei lá
Lá eu quase me arrebento
Pus a massa fiz cimento
Ajudei a rebocar
Minha filha inocente
Vem pra mim toda contente
Pai vou me matricular
Mas me diz um cidadão
Criança de pé no chão
Aqui não pode estudar
Esta dor doeu mais forte
Por que que eu deixei o norte
Eu me pus a me dizer
Lá a seca castigava mas o pouco que eu plantava
Tinha direito a comer

Tá vendo aquela igreja moço?
Onde o padre diz amém
Pus o sino e o badalo
Enchi minha mão de calo
Lá eu trabalhei também
Lá sim valeu a pena

Tem quermesse, tem novena
E o padre me deixa entrar
Foi lá que cristo me disse
Rapaz deixe de tolice
Não se deixe amedrontar

Fui eu quem criou a terra
Enchi o rio fiz a serra
Não deixei nada faltar
Hoje o homem criou asas
E na maioria das casas
Eu também não posso entrar

Fui eu quem criou a terra
Enchi o rio fiz a serra
Não deixei nada faltar

Hoje o homem criou asas
E na maioria das casas
Eu também não posso entrar.

O pedreiro da música, que fez a obra do edifício, não consegue se comunicar com aquele prédio. Não consegue sequer contemplar o que fez, pois não lhe cabe socialmente a possibilidade de admiração. O trabalhador possui seu espaço de trabalho, de lá retira a sua sobrevivência, mas não consegue se tornar um agente.

Trata-se de um exemplo da inclusão injusta de que Sen e Kliksberg nos falavam (2010). A distinção entre esse tipo de inclusão, a exclusão e o bem-estar está na condição de existência do sujeito agente. Na inclusão injusta não existe espaço para que o sujeito se torne agente. Ele apenas é retirado temporariamente de uma condição de miserabilidade. Nela, o homem vive um estado de bem--estar nas proporções que lhe cabem, sem a possibilidade de se rebelar.

O rodiziamento entre os temporariamente incluídos e a existência permanente da exclusão depende das políticas públicas adotadas pelos governos, ou seja, depende das vontades de quem está temporariamente no poder e se manifesta em um discurso. Este discurso "não é simplesmente aquilo que traduz lutas ou sistemas de dominação, mas aquilo pelo que e por meio do qual se luta, *aquele poder do qual a gente quer se apoderar*" (FOUCAULT, 1996, p. 10) (Grifo nosso). Cabe, portanto, construir um outro discurso, para lidar com este, que se impõe, onde "a 'sociedade permissiva' é exatamente aquela que amplia o alcance do que os sujeitos têm permissão de fazer sem, na verdade, lhes dar poder adicional: os que detêm o poder conhecem muito bem a diferença entre direito e permissão" (ZIZEK, 2011, p. 58):

> (...) O direito, no sentido estrito da palavra, dá acesso ao exercício de um poder à custa de outro poder. A permissão não diminui o poder de quem a concede, não aumenta o poder de quem a recebe. Torna a vida mais fácil, o que não é pouca coisa. [...] permissões mascaradas de direitos; não mudam em nada a distribuição do poder" (ZIZEK, 2011, p. 58).

Conceder permissão e ter o direito de fazer ou não fazer alguma coisa, abre brechas para pensarmos não apenas os lugares de manifestação do desejo, mas de sua ocultação também. Porém, ter o direito é ser agente social, cuja condição humana prevalece para além da sobrevivência, envolvendo atos de vontade. Na concessão, alguém permite que o outro tenha espaço, muitas vezes limitado ou não. A vontade do outro resta encarcerada na possibilidade do desejo alheio. O incluído injustamente é o que espera a concessão. Ele deseja se apoderar da sua fala e pôr em prática o seu desejo, pois o discurso é poder,"lugar de uma luta específica pelo poder" (BARBERO, 2004, p. 70)

> O mesmo acontece com o interrogar. Como qualquer um não pode fazer qualquer tipo de perguntas, perguntar sobre determinadas questões não significa interesse algum pelas respostas, mas a afirmação do direito de interrogar. *São procedimentos de controle, de exclusão, de ritualização dos discursos que atravessam de parte a parte a comunicação maciça*, os dispositivos da massmidiação" (BARBERO, 2004, p. 71) (Grifo nosso).

Para incluir o excluído ou mesmo o incluído injustamente não basta oferecer uma oportunidade temporária de inclusão: a concessão. É preciso ir além na compreensão dos espaços de ação, de vontades. É preciso respeitar os direitos. São as implicações das liberdades instrumentais que devem ser revertidas e não sua(s) materialidade(s).

> Antes, as situações de pobreza podiam ser definidas como reveladoras de uma pobreza acidental, residual, estacional, intersticial, vista como desadaptação local aos processos mais gerais de mudança, ou como inadaptação entre condições naturais e condições sociais. Era uma pobreza que se produzia num lugar e não se comunicava a outro lugar.
> (...)
> Na situação que estamos descrevendo, as soluções ao problema eram privadas, assistencialistas, locais, e a pobreza era frequentemente apresentada como um acidente natural ou social. Em um mundo onde o consumo ainda não estava largamente difundido, e o dinheiro ainda não constituía um nexo social obrigatório, a pobreza era menos discriminatória. Daí poder-se falar de pobres incluídos (SANTOS, 2012, p. 70).

Transformar o entendimento da exclusão do "estado natural das coisas" para o de um processo de trânsito para outra situação impede que a exclusão continue sendo tratada da forma como se fixou no imaginário de todos. Para tal, será necessário transformar o excluído em agente. Estimular pessoas a formularem divergência(s) com o que é aceito como "ordem natural". Resta trabalhá-la como um "momento" e não um "estado", para que possa recuperar a sua qualidade intrínseca de trânsito, de passagem, de instante, uma referência do que "está", e não mais do que "é".

Cabe-nos relacionar a inclusão injusta com a que se dá no campo da dança. Socialmente o dito excluído não consegue ser o agenciador do seu próprio futuro porque "...torna-se cada vez mais claro que ser marginal é muito mais do que uma localização, mas sim, um modo de perceber e sentir na carne a vida e a morte" (GREINER, 2010, p. 31). E, além disso, essa condição, que deveria ser uma excepcionalidade, – ou mesmo transitória, estabilizou-se –, se faz presente como regra, alterando os paradigmas humanos de convivência: morte e vida se misturam a cada instante como se as bordas se perdessem. Porém:

> A questão da discussão pública e participação social é, portanto, central para a elaboração de políticas em uma estrutura democrática. *O uso de prerrogativas democráticas – tanto as liberdades políticas como os direitos civis – é parte crucial do exercício da própria elaboração de políticas econômicas, em acréscimo a outros papéis que essas prerrogativas possam ter. Em uma abordagem orientada para a liberdade, as liberdades participativas não podem deixar de ser centrais para a análise de políticas públicas.* (SEN, 2000, p. 149) (Grifo nosso).

O incluído injustamente revela a ineficiência das políticas culturais do segmento que referendam cada vez mais a instrumentalização da instabilidade pela impossibilidade de pensarem e observarem os diversos modos de existir da dança. E assim cabe ao artista vagar entre se sentir incluído – ter o direito –, e estar incluído injustamente, – obter a concessão –, sempre com base na pobreza dos meios que a ele são colocados.

Porém é incoerente falarmos que existe um "Estado de Exceção" na dança mesmo que seja com a intenção de metaforizar as dificuldades pelas quais os trabalhos são projetados e construídos, ou mesmo como (sobre)vivem os artistas, porque "Estado de Exceção" é uma oposição ao Estado de Direito, decretado unicamente em situações de emergência nacional ou grave ameaça à ordem democrática. Ele não "é uma ditadura... (...), mas um espaço vazio de direito, uma zona de anomia em que todas as determinações jurídicas estão desativadas" (AGAMBEN, 2007, p. 78). Isso não existe para a cultura do Brasil.

Muito embora Giorgio Agamben afirme que "O estado de necessidade não é um 'estado do direito', mas um espaço sem direito" (2007, P. 79), ainda assim erraríamos em pontuar que o agente da cultura que tem seus direitos restritos pela sua inclusão injusta vive em um Estado de Exceção. No máximo poderíamos dizer que ele vive no estado de excepcionalidade (minúscula mesmo) em virtude das dificuldades de conduzir seus trabalhos, sejam eles performances, intervenções, espetáculos, solos, duos *etc* em virtude da pobreza política cultural. Injusto, mas excepcional mesmo.

O que há de fato é algo ainda mais grave do que uma suposta analogia ao regime de Exceção. É justamente estarmos em um Estado democrático de Direito e nada, simplesmente nada, mudar na observância da construção de políticas culturais baseadas nas diversidades artísticas da dança, e dos múltiplos jeitos de gerência de grupos, coletivos, artistas independentes *etc* independente se na esfera Federal, Estadual ou Municipal.

A Exceção é uma emergência no sistema. Ela busca se justificar na sua existência urgente quanto ao clamor de um Estado em perigo. Mas a dança em sua política letárgica e inalcançável, não. Ela não está sob pressão emergencial. O Estado não está sob a égide de uma guerra ou colapso iminente. Por isso, a forma como a política cultural em dança tem sido consolidada não se justifica em sua escassa inexpressividade e cobertura.

Segunda digressão: o "bem"

> Na cadeia produtiva da dança, a dimensão econômica traz consigo a ideia de 'bem', móvel e/ou imóvel, sob a égide da cultura: 'no primeiro sentido, o bem cultural, como qualquer outra mercadoria, está sujeito a um processo sistêmico que envolve as fases de produção, distribuição e consumo' (SNC, 2011, p. 35).

No Brasil, as redes de desestabilização – mantenedoras de zonas abissais significativas entre processos de conhecimento que separam norte e sul/centro e periferia – ainda passam por uma forte "verticalização" (COLOMBO, 1976 *apud* BARBERO, 2004). E essa mesma "verticalização" encontra relação direta com um Estado de ordem semiperiférico que, segundo o economista italiano Giovanni Arrighi (1998), recoloca em outro patamar de discussão a questão sobre as "redes de trocas desiguais". Para ele:

Estados semiperiféricos (frequentemente referidos como "semi-industriais" ou "semi-industrializados") são, portanto, definidos como os Estados que ocupam uma posição intermediária nessa rede de troca desigual: eles colhem apenas benefícios marginais quando estabelecem relações de troca com os Estados do núcleo orgânico, mas colhem a maioria dos benefícios líquidos quando estabelecem relações de troca com os Estados periféricos (ARRIGHI, 1998, p. 207-208).

Relações de troca compreendem o que pode ser dado e o que pode ser recebido num cenário onde "coisas" são constituídas. Já as relações de trocas desiguais perpassam pela desconexão entre o que é dado e sua recepção, existindo uma disparidade significante, que reconduz o bojo da rede. Ela então se consolida em desigualdade pela qualidade do benefício: se marginal ou líquido. Em virtude disto, o que colheriam os bens culturais pontuados pelo Sistema Nacional de Cultura?

Nas ciências jurídicas existe a caracterização dos bens pela sua disponibilidade e indisponibilidade, além de uma série de outras distinções. Diz-se que os bens disponíveis são aqueles que não sofrem qualquer restrição para a sua negociação, pois não estão afetados, soba égide do domínio do Estado; enquanto que os indisponíveis não podem ser negociados livremente, pois sofrem uma série de restrições legais. Essa acepção jurídica esbarra, para nós, na capacidade que temos de negociar ou não o que nos pertence ou não. Porém, para algo nos pertencer precisamos, necessariamente, fazer uso, gozar e, portanto, usufruir do objeto, fazendo disso a nossa condição de vida. Se esse "bem" não está em nosso poder para desfrutarmos dele e das suas atratividades, então ele não pode ser negociado, pois encontra-se indisponível para nós. Dele não poderemos nos valer.

O estar em pleno uso do bem é o que diferencia a relação a ser estabelecida com ele, ou seja, o que pode ser definido por nós quanto ao que fazer ou deixar de fazer com ele: vender, alugar, emprestar, doar *etc*. Essa escolha faz parte da noção de rede de trocas. O que a constitui como desigual é, porventura, de onde surge o bem e como pode se dar esse fazer ou deixar de fazer, através dos benefícios – marginais e líquidos – a serem colhidos: se mais ao norte/centro/núcleo orgânico ou se mais ao sul/periferia.

A diferença na posição de equilíbrio da semiperiferia entre os países cêntricos e periféricos dependerá bastante do tipo de relacionamento sócio econômico que aquela mantém com os variados núcleos de cada Estado, surgindo uma rede de trocas, que podem ou não ser desiguais.

Trocas estas que funcionam como responsáveis pela formação dos ditos núcleos, fortalecendo a polarização dos mesmos, seja pela ausência do Estado no que pressupõe a acumulação interna ou no que tange as baixas remunerações salariais, seja pela exclusão do mercado da maioria populacional.

Mesmo não atuando sozinha para a polarização, as trocas desiguais estão na base das discrepâncias nucleares juntamente com as transferências unilaterais forçadas e voluntárias, tanto quanto à mão-de-obra e capital, que empreenderam muito mais conteúdo para a fragmentação do mundo em potências e não potências, e potências medianas do que as trocas desiguais. Apesar de existir a negação por parte de alguns doutrinadores e economistas da importância que as trocas e as transferências unilaterais tiveram na constituição da polarização, não se pode ratificar esse entendimento por completo, unicamente por ele abstrair a relevância desses dois mecanismos como base das distinções cêntricas e periféricas. Ou seja, a polarização dos núcleos está assim configurada pelas redes de trocas comerciais com níveis salariais diferentes na divisão mundial de trabalho, pelas transferências unilaterais violentas ou livremente aceitas pelos "donos dos recursos" que estão sendo transferidos.

Para Roy Harrod, tanto as transferências como as trocas não possuem a ligação direta com as afirmativas acima, mas sim, dentro de uma análise sistêmica mundial, haveria uma hierarquização de riqueza contribuindo para a criação de um "golfo intransponível" entra as riquezas oligárquicas e as riquezas democráticas. Esta possuindo uma relação direta entre a quantidade e intensidade de esforços que são realizados e o possível domínio sobre certos recursos e aquela afirmando ser desnecessária qualquer forma de esforço, mesmo porque esse formato de riqueza não pressupõe uma eficiência de esforços para que seja alcançado, justo porque não está disponível para todos. E isso se daria por dois motivos:

> A primeira razão corresponde ao conceito de Emmanuel de troca desigual, mas se refere a troca de pessoas. Não podemos ter domínio sobre os ser-

viços e produtos que incorporam o tempo e o esforço de mais de uma pessoa de eficiência média. Se alguém o tem, isso significa que uma outra pessoa está trabalhando por menos do que ele ou ela deveria controlar, se todos os esforços de igual quantidade intensidade e eficiência fossem recompensados igualmente. A segunda razão é que alguns recursos são escassos num sentido absoluto ou relativo, ou estão sujeitos a acumulação anormal ou aglomeração através do uso extensivo. Seu uso ou gozo, portanto, pressupõe a exclusão ou desaglomeração de outros, seja através de um sistema de correção de preços ou de racionamento e leva à formação de lucros ou quase-lucros (HARROD, 1958, p. 125)

Traçando um paralelo entre essas riquezas e os núcleos, os economistas e sociólogos conferem semelhanças da riqueza democrática com a semiperiferia e da riqueza oligárquica com o núcleo cêntrico. A ideia de escassez de alguns recursos, conforme aponta Harrod, também reforça a impossibilidade de universalização defendida por Furtado, construindo o pensamento de que se aquela semelhança realmente existe então as economias semiperiféricas jamais conseguirão se equiparar ou mesmo ultrapassar, em termos de riqueza social e nacional, as economias de centro. Logo, a "luta para conseguir riqueza oligárquica é, portanto, inerentemente autofracassada".

Utilizando-se dos argumentos de Harrod acerca do autofracasso da universalização da riqueza oligárquica, Arrighi tece sua argumentação do desenvolvimento como ilusão. A tentativa de adquirir os padrões oligárquicos por um país de economia semiperiférica seria de pronto burlados pela impossibilidade natural deles existirem. O ponto de vista de Immanuel Wallerstein, sociólogo americano e definidor da separação do mundo entre os países de centro e periferia pela ideia de semiperiferia, é o de que essa inteligência ocasiona a ilusão de ótica necessária para que os Estados semiperiféricos não se sintam menosprezados diante dos núcleos hegemônicos e consigam se desenvolver a partir de uma canalização de energias também positivas. Construindo, juntamente com isso, uma espécie de corrente ilusória que confiantemente alimenta a possibilidade de um dia a semiperiferia chegar a ser um núcleo orgânico hegemônico.

A conceituação de semiperiferia de Wallerstein foi bastante criticada por doutrinadores e economistas por suas imprecisões e concepções aparentemente vagas, mas é construtivista por auxiliar no desenrolar de um pensamento fixo de "possibilidade de quebra de paradigma" para os países periféricos e de "manutenção da hegemonia" por países orgânicos. A semiperiferia vista como eixo de duas economias dicotômicas funciona, muitas vezes, apenas para que ela própria se mantenha inerte e incompreendida dentro do desenvolvimento, admitindo migalhas do centro orgânico e pisando no pouco que resta das periferias.

A visão de Wallerstein depara-se com a ideologia do desenvolvimento econômico descrita por Furtado. A diferença é que Wallerstein acreditava naquela como verdade, já Furtado tinha sérias desconfianças quanto ao estabelecimento dessa inteligência no seio da sociedade, por acreditar que ao invés de ajudá-la ela contaminaria com proposições irreais as chances de se lograr êxito econômico. Lembremos do nosso girino!

Já para Nicos Mouzelis as políticas das semiperiferias consolidam-se em ciclos ininterruptos de regimes autoritários e populistas baseados em tendências contraditórias do desenvolvimento de um capitalismo dependente. Na tentativa de explicar o processo industrial grego, o sociólogo nascido em Atenas, converge sua teoria das semiperiferias para a admissão de que a sociedade, no processo de desenvolvimento, é fraca demais para impor suas necessidades e por isso o Estado "move-se para frente e para trás entre regimes populistas e autoritaristas, dependendo em curto prazo do sucesso ou do fracasso de esquemas desenvolvimentistas, e dos avanços e decréscimos do mercado" (CHASE-DUNN, 1998, p. 129).

Mouzelis coloca que nem mesmo essa ilusão afirmada por Wallerstein, que serviria a todos, está presente dentro do próprio núcleo semiperiférico, pois existem, inseridos nele, beneficiários reais e potenciais das possibilidades diretas e indiretas de riqueza, referenciados pelas classes alta e média, enquanto os desprivilegiados desse setor não possuem contato, nem mesmo indireto, com os instrumentos para, através de seus esforços, dinamizarem suas tarefas a fim de produzir suas riquezas.

As potencialidades dos núcleos hegemônicos inseridos nas semiperiferias não fazem destas beneficiárias dessa ilusão, pois para elas o que verdadeiramente existe é o "privilégio real" ofertado pelo próprio sistema capitalista de forma aleatória com as possibilidades que cria aos seus favorecidos, protegendo-os "das predisposições anti-sistêmicas das classes mais baixas, com qualquer combinação de coerção, corrupção, fraude e consentimento que pudesse ser mobilizada efetivamente com esse fim".[21]

Tem-se aí as relaçõesde poder na contemporaneidade como condicionantes na prosperidade ou não do sujeito médio, refletindo dualidades abissais – norte-sul, oriente-ocidente – como "duas fraturas (...) expostas na discussão política do mundo contemporâneo" (GREINER, 2010, p. 25).Porém Greiner reconhece que, "é, portanto, insuficiente 'aplicar' teorias críticas, elaborar uma sistematização possível do conhecimento e continuar fazendo o que se está fazendo. É preciso questionar quem produz o conhecimento, quando e para quê" (GREINER, 2010, p. 25).

A noção de bem como mercadoria possui inconsistência na arte da dança pela impossibilidade de pactuar com a descrição do Sistema Nacional de Cultura, quando o relaciona diretamente a ideia de cadeia produtiva – questionamento já discutido anteriormente – sem aliá-lo à vida do artista e a uma composição de desenvolvimento, mas sim a crescimento e progresso, reforçando mitos e ilusões de apropriação e acumulação como meios de não se resignar diante dos espaços de injustiça lançados sob a cultura, especificamente à dança.

---

21. ARRIGHI, 1998, p. 243. ("Nas relações intra-Estado ela se expressou numa evolução mais ou menos completa na distribuição de riqueza pessoal, que foi extensivamente democratizada").

Pensar a existência de bens na dançaé pensar que possa existir troca desses bens em algum nível, em espaços possíveis. Mas se eles também possuem uma ordem diversa – formalizando-se,muitas vezes, para além da coisa/produto e, assim, fugindo da lógica mercadológica –, não podemos dizer que há uma troca como a imposta naquela economia exclusivamente. Seguindo esse sentido, a troca na dança se dá por outros meios que buscam a consolidação de contra-espaços e o não reforço de espaços produzidos por outros conhecimentos. Por isso a afirmação de Greiner é pertinente, e reitero-a: "É preciso questionar quem produz o conhecimento, quando e para quê" (GREINER, 2010, p. 25). Portanto, na dança, quem produz o conhecimento, quando o produz e pra quê o produz?

Então, seria o "pra quê" uma fantasia possível de como pensarmos a existência desse contra-espaço, criando uma alternativa para ele?

> Quando uma população se opõe a um projeto de estrada ou extensão urbana, quando ela reclama 'equipamentos', lugares vazios para jogos e encontros, percebemos como um contra-espaço se introduz na realidade espacial (...) É claro, acontece também, que o contra-espaço e o contra-projeto simulam o espaço existente, o parodiam, o demarcam sem sair dele (LEFEBVRE, 2000, p.440).

A sacralização do espaço da economia inserido na dança entra em contradição com a realidade da própria criação da arte da dança e como ela opera no mundo, por não perceber a enorme diversidade dos seus modos de existir, das trocas plurais que estabelece, deixando de lado a vida do artista como segmento que diferencia a noção do quem produz. Ao invés de refletirmos pra quê produzimos e por qual razão produzimos, na intenção de construir esse contra-espaço, ou mesmo um espaço econômico adequado, alheio ao poder brutal, estamos a todo tempo querendo reforçar a dança nesse *locus* clássico da economia, achando brechas para fazer *links* entre cadeias, bens e industrialização, desconhecendo os espaços de dignidade que apenas a dança constrói em virtude de sua pluralidade fabril: o bem cultural da dança é a vida do artista quem faz.

PETIT DIGRESSÃO DA SEGUNDA DIGRESSÃO: "O QUE EU CRIO E QUEM EU SOU"

> "O bem cultural da dança
> é a vida do artista quem faz" (p. 66)

As políticas de/na/da dança praticadas no Brasil esbarram na dificuldade de se constituírem como produtoras de agentes. Na direção contrária, aderem aos entendimentos de "bem-estar" (*lifestyle*) social, que apenas demandam a reprodutibilidade sem priorizar a sustentabilidade do artista, para além de seus projetos, o que, por sua vez, "atualiza o objeto reproduzido" (BENJAMIN, 1955, P. 2).

Sendo assim, a liberdade para o desenvolvimento enquanto encontro das potencialidades coletivas tropeça na ausência de autonomia do artista-criador. Para que ela aconteça, será preciso trabalhar a questão da sustentabilidade no quadro político cultural da dança, mas não como ação pontual, e sim, como programa.

> A verdade é que a política suprime a cultura como campo de interesse a partir do momento em que aceita uma visão instrumental do poder. O poder se constitui dos aparatos, das instituições, das armas, do controle sobre os meios e os recursos, das organizações. Tributária dessa visão de poder, a política não pôde levar a cultura a sério, exceto onde ela se encontra institucionalizada (BARBERO apud BRUNNER, 2009, p. 288).

Logo, resta aí o perigo de termos apenas uma "única história" da cultura, ditada pelo poder institucionalizado/institucionalizante do Estado: distante do desenvolvimento substantivo, vai aceitando o que se apresenta como um fato, sem atentar que ele desfaz a tridimensionalidade da cultura porque esquece que, para a cultura, é "fundamental *a compreensão de sua natureza comunicativa*" (BARBERO, 2009, p. 289), ou seja, "seu caráter de processo produtor de significações e não de mera circulação de informações, no qual o receptor, portanto, não é simples decodificador daquilo que o emissor depositou na mensagem, mas também um produtor" (BARBERO, 2009, p. 289).

ATO 3
ESPAÇO DE MEDIAÇÃO, ESPAÇO DE AÇÃO

Para Barbero, a mediação é o "entre" (2014): ela nem está do lado dos meios nem tampouco do lado das pessoas. Ela está entre os meios e as pessoas. E esse espaço de mediação/"entre" é, também, um espaço de negociação, pois se propõe olhar não só para o conflito, mas para as partes envolvidas nele.

Para a área jurídica, a mediação é um meio alternativo de resolução de conflitos, funcionando como um espaço extrajudicial, para o qual os sujeitos tendem ou desejam levar seus conflitos para serem dirimidos. Seu princípio básico é fazer com que as partes entendem o que as levou até aquele impasse, desenvolvendo um ambiente favorável a que os conflitantes tenham vontade de solucionar a controvérsia. Quem conduz tudo é o mediador, que se prontifica a aplicar a maiêutica socrática para revelar a "verdade real".

A mediação jurídica parte do conceito de negociação e compreende que as pessoas mais habilitadas para resolverem suas pendências são as mesmas que as criaram, pois entende-se que é preciso pacificar as partes e não o conflito em si. Muito embora a articulação jurídica não seja nosso foco, ela nos ajuda a entender que a mediação tem finalidade negociativa para conflitos. Criando um espaço de possibilidade de decisão, a mediação luta pela paridade de armas e de modos de se defender.

> Onde havia consenso social, as mediações fazem ver *contestação*. Onde havia identidade, conflito. De um ponto de vista sociológico, os contextos se tornam delimitáveis apenas com a caracterização da dinâmica comunicacional, que reconfigura e recodifica a ação social (BASTOS, 2008, p. 87) (Grifo nosso).

Por criar um espaço de negociação que pode resultar em diálogo, abre a possibilidade de escapar do pré-estabelecido. E é fundamental para se tentar romper com as lógicas estruturantes do que se consolidou, premissa importante para se conseguir avançar politicamente. Há que mediar as vontades, gerenciando-as como no espaço de relação entre "casas" (*oikas*), no qual o bem-estar de um sujeito pode não colidir com o do outro, mas ambos precisam estar de acordo.

Nesse espaço de gestão de vontades faz-se necessário olhar como tem se dado essa administração coletiva, "esse estar junto", ampliando o campo conceitual da cultura ao expandir o pensamento sobre a "casa" para, como dito, "casas". Caso contrário, estaremos sempre admirando o conflito, mas sem a intenção de "pacificar" as partes, conferindo à discórdia uma importância significativa.

Nas controvérsias conturbadas geralmente não acontecem negociações, o que dificulta a gestão dos conflitos. E se a *oikonomia* é um conjunto de "práxis, de saberes, de medidas, de instituições cujo objetivo é administrar, governar, (...) e orientar, em um sentido em que se supõe útil, os comportamentos, os gestos, e os pensamentos dos homens" (AGAMBEN, 2005, p. 12), então, o não perceber a desarticulação de vontades na economia social no ambiente de produção de política cultural evidencia uma desestruturação para onde exatamente se olha. Observa-se o poder e sociedade; o fora e o dentro, mas esquece-se do entre. E "em termos abstratos, a cultura sempre pressupõe um 'entre': interação entre as pessoas, mas também entre pessoas e objetos, construções *etc*". (GIELEN, 2015, p. 89).

Mas a dificuldade em identificar o que está desarticulado se relaciona com um processo de imunização (ESPOSITO, 2010) que está em curso. Ela "abre duas declinações para o paradigma político: um afirmativo e outro letal. O poder tanto nega como aguça o desenvolvimento da vida" (GREINER, 2012, P. 16). Todavia, estamos com a percepção amortecida: "Neste contexto, discute-se politicamente a metáfora da prática de vacinação, introduzindo algo em relação ao qual se quer que o corpo político se proteja" (GREINER, 2012, P. 16).

Se, com efeito, no âmbito bio-médico ela se refere a uma condição de refrangibilidade, natural ou induzida, em relação a uma dada doença por parte de um organismo vivo, em linguagem jurídico-política refere-se à isenção, temporária ou definitiva, de um sujeito em relação a determinadas obrigações, ou responsabilidades, às quais normalmente está vinculado (ESPOSITO, 2010, p. 73).

Que a política cultural está imune – separando e segmentando como afirma Esposito (2010) –, não resta dúvida. Porém a questão é como desvelar esse processo de imunização. Afinal:

> O que é uma força? É relação com outra força. Uma força não tem realidade em si, sua realidade íntima é sua *diferença* em relação às demais forças, que constituem seu exterior. Cada força se "define" pela distância que a separa das outras forças, a tal ponto que qualquer força só poderá ser pensada no contexto de uma pluralidade de forças. O Fora é essa pluralidade de forças. O Fora, que é o exterior da força, é também sua intimidade, pois é aquilo pelo que ela existe e se define.
> (...)
> O Fora não é a plenitude de um vazio onde viriam alojar-se as diferentes forças previamente constituídas. O Fora é a distância *entre* as forças, isto é, a Diferença. O Fora será sempre um Entre, e se as metáforas espaciais ainda forem imprescindíveis, acrescentemos: não um espaço, mas "vertigem do espaçamento" (Blanchot), criação de um espaço pela diferença de um entreforças (PELBART, 1989, p. 121).

Esse "fora" é a mediação cultural nas *oikas* da dança. É a possibilidade de se ouvir o lado de quem está dentro das mais variadas casas, organizando-as diariamente e criando estratégias para que elas não desabem a cada intempestividade, compreendendo os diversos modos de existir da dança, sejam eles macro o micro em suas realidades, mas, acima de tudo, realidades emergenciais e não apenas gerenciais.

A mediação na *oikonomia* da dança tenta se dar por um impulso descontrolado de manter as paredes em pé, sem considerar, no entanto, a qualidade dessa manutenção – se é que ela existe.

Libertar-se do que restringe: juntando as reflexões

Embora continue bastante associada ao campo da ecologia, a sustentabilidade também funciona como um caminho de articulação política possível para a cultura e para a dança. Afinal, consegue-se pensar através dela as reverberações das situações do presente no futuro.

No campo artístico, atualmente regulado pelas Leis de Incentivo à Cultura, a possibilidade de sustentabilidade vincula-se às políticas públicas praticadas. No caso da dança, em específico, cresce a percepção de que se deve avançar com as discussões que não ignorem essa questão. Apenas como exemplo das mobilizações em curso, podem ser destacados os movimentos do "A Dança se Move"[22] e da "Cooperativa Paulista de Dança"[23], assim como do "Fórum Nacional de Dança"[24].

Neles, os artistas da dança se colocam como agentes da transformação indispensável da atual lógica pautada exclusivamente nos editais. O próximo passo será o de tornarem-se mediadores de uma política para o desenvolvimento que poderá vir a favorecer uma futura existência da "economia da dança" que responda às especificidades da sua produção artística. E isso não poderá acontecer a partir da lógica econômica clássica, porque ela não atende ao que está posto hoje, na produção de cultura no nosso país.

Lembremos que "quando um grupo de indivíduos consome um bem cultural, a existência futura desse capital cultural depende de manutenção e de investimentos no presente" (FLORISSI e STAROSTA. 2007, p. 16). Isso nos ajuda a pensar em articular um conceito para a

---

22. "A Dança se Move" surge de um seminário homônimo realizado em dois encontros, ocorridos em 27 e 28 de maio de 2011. Proposto em conjunto pela Cooperativa Paulista de Dança e pelo Movimento Mobilização Dança. Uma das características do "A Dança se Move", foi a participação de pessoas não envolvidas nem com o "Mobilização Dança", nem com a "Cooperativa Paulista de Dança". O que reunia os novos participantes era a percepção de que os avanços representados pela instituição da "Lei de Fomento à Dança" haviam promovido uma situação que pedia por reflexão e ação transformadora. (PERNICIOTTI, 2013).
23. A "Cooperativa Paulista de Bailarinos e Coreógrafos" (CPBC) antecedeu a atual Cooperativa Paulista de Dança. E a CPBC, por sua vez, foi criada a partir do Movimento Teatro Dança 90. Atualmente a Cooperativa está à frente das articulações de políticas públicas na cidade de São Paulo e é dirigida pelo coreógrafo Sandro Borelli. (PERNICIOTTI, 2013).
24. O "Fórum Nacional de Dança" é uma associação sem fins lucrativos, com sede na cidade de Brasília/DF, que tem conseguido manter um excelente diálogo com os órgãos públicos e, em consequência, contribuído para galgar avanços para a categoria.

"economia da dança" que planeje "a continuidade desse capital em possuir valor econômico e gerar um fluxo de serviços que adiciona um valor econômico agregado" (FLORISSI e STAROSTA. 2007, p. 16).

> Ao Estado, com uma perna no presente e outra no futuro, cabe avançar na mudança de indicadores de riqueza, por exemplo, a revisão do PIB como padrão de riqueza das nações – e nas formas de mensuração e avaliação. Isso inclui a revisão das métricas usadas para medir a economia criativa: sabemos medir o setor da dança, talvez a parca soma de bailarinos, coreógrafos e espetáculos. Mas a economia do "dançar" é enorme: pois inclui as festas populares (como o carnaval); as celebrações (como festas e casamentos); a vida noturna e toda a fitness e seus respectivos equipamentos, espaços, conteúdos, adereços e etc. (SEN e KLIKSBERG, 2010, p. 321).

Como se vê, quando o assunto passa a ser a "economia da dança", cabem muitas outras manifestações, para além dos espetáculos artísticos que se apresentam nos teatros (ou, atualmente, em espaços alternativos e na rua). Não se trata apenas de um detalhe, pois essa conformação mais populosa é aquela que oficialmente conta quando se fala da atividade da dança. Por isso, a dança foi a segunda em colocação "no censo revisado e registrado no caderno de diretrizes gerais do Plano Nacional de Cultura, elaborado depois da Conferência Nacional de Cultura..." (CNPC, 2010, p. 12): "segunda atividade artística mais disseminada no território nacional – 56% dos municípios brasileiros abrigam grupos desta linguagem, segundo dados do último levantamento fornecido pelo IBGE" (CNPC, 2010, p. 12).

Neste cenário, cabe a esta dança artística, que compõe apenas uma pequena parte do que é considerado para fins de "economia da dança", se reorganizar na produção de ações politizadas e também sustentáveis – reavaliando, dessa forma, certamente, as noções de cadeias produtivas e, por conseguinte, de bem cultural. Afinal,

> (...) mapear e mensurar o intangível usando instrumentos e métodos de medir "coisas" é pouco eficiente. Não mapeamos nuvens da mesma forma que mapeamos montanhas, *mas sim estudando seu comportamento*. Para medir o intangível talvez devêssemos adotar formas mais semelhantes ao cálculo e estudo do clima – onde se estudam interações e dinâmicas. (DEHEINZELIN, 2011, p. 358). (Grifo nosso).

É necessário sabermos o que estamos olhando quando estamos olhando. Não podemos considerar um bem cultural como a dança artística, em toda a sua complexidade e forma de existir no mundo, como um bem como qualquer outro bem material. Mesmo quando ocorre venda e compra de um espetáculo ou de uma obra, ainda assim faltam elementos para associar essas "vendas" como indícios da existência de um mercado como qualquer outro. E não somente porque a venda não é uma situação trivial, mas sobretudo porque a instituição do ingresso gratuito (associada às práticas das Leis de Incentivo à

Cultura) não educa sujeitos que pagam para assistir os espetáculos, fazendo desaparecer a figura do consumidor da ponta da cadeia produtiva.

A situação fica ainda mais delicada quando se agrega a essa característica recente o fato de que quando se fala em cultura parece que se está falando de bens que são indisponíveis pela sua intangibilidade. E se são bens simbólicos, é necessário que tenhamos uma outra dinâmica social para lidar com eles e, portanto, uma outra dinâmica econômica.

> (...) por dois tipos de valores que, apesar de diferentes, apresentam uma enorme correlação e interdependência entre si. Enquanto o valor econômico é frequentemente reduzido a uma quantidade monetária e movido por sentimentos egoístas, o valor cultural de um bem é parte de um sistema de ideais, crenças e tradições de um grupo e que faz com que cada indivíduo componente obtenha uma satisfação ao possuir um grau de identidade com seus companheiros. (FLORISSI & STAROSTA, 2007, p. 14).

É preciso que aconteçam mudanças significativas na maneira como as instituições, públicas ou privadas, compreendem a dança enquanto parte do corpo social. Afinal, é "...lamentável que, no momento em que a ciência econômica reconhece o valor da dimensão qualitativa do objeto que está avaliando, os economistas se empenhem em considerar apenas as repercussões comerciais do investimento cultural" (BENHAMOU, 1997, p. 76).

Há que incentivá-los a ver de outra maneira, mais aproximada à complexidade do objeto (cultura) com que estão lidando. "Nessa direção, queixam-se dos custos da vida cultural, que, no fundo, são muito modestos, em vez de ver neles o símbolo de uma nação adulta e próspera" (BENHAMOU, 1997, p. 76).

Na verdade, temos "que ter na devida conta que esta economia engloba tanto as megacorporações que compõem o mercado global das indústrias criativas, como a rica e multifacetada produção cultural realizada por artistas independentes e comunidades" (MIGUEZ, 2011, p. 07). Dessa maneira, não podemos nos esquivar de olhar para o nosso objeto de trabalho como ele se apresenta, cheio de assimetrias.

Portanto, se partirmos do pressuposto de que uma possível cadeia produtiva da dança, para acontecer, precisa estar sedimentada sob aquela ideia de desenvolvimento sustentável – cujo foco se dá no registro das capacidades humanas e, para além delas, na criação de condições de autonomia –, então podemos afirmar que não há cadeia produtiva da dança. Pois:

> O fundamental é a ampliação das *capacidades humanas*, o reforço das identidades e da identidade nacional, dos saberes locais que podem fornecer alternativas concretas para os projetos de desenvolvimento, a expansão das *condições de autonomia cultural*, tanto no nível da cultura material quanto da produção simbólica, da criatividade política e institucional como daquela responsável pela produção das grandes obras do espírito, da arte, da

literatura, da filosofia. (BOLAÑO, 2011, p. 86). (Grifo nosso).

O que tem feito com que a dança seja vista através de uma cadeia produtiva assentada é a sua base numa política de mercado, na qual poucos artistas da dança, pela forma como constituem seus trabalhos, conseguem se inserir. A outra parte, a maioria, que não encontra espaço no "mercado da dança", se coloca à mercê de políticas exclusivamente pontuais, como os editais, que não se preocupam em fomentar a dança em seu aspecto mantenedor – e aqui não existe nenhuma relação com uma obrigação relativa ao poder pastoral do Estado. Pelo contrário. O que existe ou deveria existir é o exato entendimento de que compete ao Estado fazer uma política cultural sustentável da dança e não "deixar acontecer" uma política de livre mercado da dança pela sua ausência político-articulatória. Por isso que:

> A teoria e a política do desenvolvimento devem incorporar os conceitos de cooperação, confiança, etnicidade, identidade, comunidade e amizade, pois todos esses elementos formam o tecido social em que se baseiam a política e a economia. Em muitos lugares, o enfoque limitado do mercado, baseado na concorrência e na utilidade, está alterando o frágil equilíbrio desses fatores e, portanto, agravando as tensões culturais e o sentimento de incerteza. (ARIZPE, 1998, p. 191)

A "condição de agente do sujeito" é justamente a que nasce de uma política cultural sustentável, capaz de criar uma condição de autonomia do sujeito artista, fazendo-o um mediador cultural de fato. Ao Estado cabe essa reorganização político-legislativa, a ser conduzida em sintonia com os artistas.

Relance: minha era pós-edital e a condição do sujeito agente reverberando no coletivo

> Pois em toda ação a intenção principal do agente, quer ele aja por necessidade natural ou vontade própria, é revelar sua própria imagem. Assim é que todo agente, na medida em que age, sente prazer em agir; como tudo o que existe deseja sua própria existência, e como, na ação, a existência do agente é, de certo modo, intensificada, resulta necessariamente o prazer. ...Assim, ninguém age sem que (agindo) manifeste o seu eu latente (Dante *apud* Arendt, 2007, p. 188).

A ideia de elos produtivos traz consigo uma sistematicidade de ações significativas para que o final da cadeia seja positivo e se cumpra. No que diz respeito ao estudo feito pelo Colegiado de Dança, apresentado anteriormente, a "formação de público" é o final dela. Sendo assim, só com a formação de público os elos estariam corretamente dimensionados e, por fim, cumpridos.

No instante em que a "editalização" se sedimenta como única política e programa cultural governamental, cria-se um problema: a desnecessidade do artista depensar a formação de público ou mesmo sua atuação artística de maneira ampla. É preciso apenas completar o projeto, prestar contas de sua existência e então pensar em outra ideia que dê continuidade a incerteza – avesso da sustentabilidade.

O(a) artista não precisa pensar que, segundo o Instituto Brasileiro de Geografia e Estatística – IBGE e o Instituto de Pesquisa Econômica Aplicada – IPEA, 78% da população brasileira não assiste espetáculos de dança (FERREIRA, 2013, p. 82).

Essa tendência tem diminuído o público das dependências artísticas da dança, e não por ela ser uma arte de difícil acesso intelectual ou para "poucos", mas simplesmente porque (a "editalização)exclui a proposta da sustentabilidade do seu entremeio político, falsificando/ mascarando a condição de agente do sujeito-artista.

Acreditando que a disponibilização de verba pública para a montagem de trabalhos auxiliaria artistas a criarem estratégias de sobrevivência de suas artes, assim como a responderem a demandas de caráter social, o legislador, administrador e gestor se equivoca em parte: acerta na etapa da sobrevivência quanto à brevidade da ideia e não quanto ao prolongamento da vidadoartista, e erra (feio) em não pensar tudo isso a longo prazo, tanto sobre a ideia como sobre o artista.

Se a perspectiva política de/da sustentabilidade para/na (a) cultura, única forma capaz de olhar para os diversos modos de existir da dança e agregá-los, torná-los visíveis – isso significando olhar para a vida do artista como fator exponencial –, está politicamente excluída do *labore* legal, o público também, por derradeiro, está excluído de uma possível "cadeia produtiva da dança" – sendo esta inventada da realidade artística da dança: contrastante e múltipla –; fomentando que as pessoas não "tenham vontade política de ir além dos limites de seus próprios interesses específicos" (SEN E KLIKSBERG, 2010, p. 54), quando "ir além dos limites" seria a sustentabilidade da arte em sua prática, então estamos fazendo desaparecer o coletivo.

E nesse desaparecimento real surge a invisibilidade para além da exclusão: o que se desfaz para/na (a) dança?

Economias da dança

> You are an artist and that means: you don't do it for the money. That is what some people think. It is a great excuse not to pay you for all the things you do. So what happens is that you, as an artist, put money into projects that others will show in their museum, in their Kunsthalle, in their exhibition space, in their gallery. So you are an investor.
> "A portrait of the artist as a worker", LESAGE, 2006.

A rede pontuada por Anne Cauquelin, mencionada anteriormente, transformou-se em uma rede de resistências por parte do artista, deslocando o seu fazer artístico para a impossibilidade de ver além de si, num total estado de necessidade. Porém "Este pensamento gerencial das 'próprias necessidades' ocupa um lugar bastante significativo, promovendo uma obstrução no que poderia ser a reflexão de uma política cultural mais ampla e menos imunizada" (GREINER, 2012, p. 17).

O problema é que nesta rede, estamos todos implicados: os que concorrem, os que julgam, os que ganham e os que perdem. Construir conhecimento envolve tempo. Se há suporte financeiro, a pesquisa tem condições de ser desenvolvida. Se não há, o único modo de seguir é *resistindo*, resolvendo todas as etapas da forma que o cotidiano permite (GREINER, 2012, p. 17) (grifo nosso).

Em seu art. 215, a Constituição diz que "O Estado garantirá a todos o pleno exercício dos direitos culturais e acesso às fontes da cultura nacional, e apoiará e incentivará a valorização e a difusão das manifestações culturais" (Constituição Federal, 1988). E segue afirmando:

> Art. 216 Constituem patrimônio cultural brasileiro os *bens de natureza material e imaterial*, tomados individualmente ou em conjunto, portadores de referência à identidade, à ação, à memória dos diferentes grupos formadores da sociedade brasileira, nos quais se incluem: I – as formas de expressão; II – *os modos de criar, fazer e viver*; III – as criações científicas, artísticas e tecnológicas; IV – as obras, objetos, documentos, edificações e demais espaços destinados às manifestações artístico-culturais; V – os conjuntos urbanos e sítios de valor histórico, paisagístico, artístico, arqueológico, paleontológico, ecológico e científico (CF, 1988) (grifo nosso).

Os "modos de criar, fazer e viver" citados na Constituição funcionam (ou deveriam funcionar) como um promotor de acertos políticos na esfera cultural. Mas na inobservância dessas questões nasceram propostas políticas culturais que trataram de, com o tempo, reorganizar e, por fim, ditar esse "fazer" e esse "viver". O artista adapta-se ao que é estabelecido e volta-se para si no intuito de continuar produzindo o que produz, desviando-se da complexidade e observância coletiva implicada no fazer dança.

As relações entre artistas vão se dilapidando na concorrência funcional dos editais, e os trabalhos produzidos nesse contexto passam a ter como foco principal estratégias adaptativas para a sobrevivência da arte do artista nessa rede. Dessa maneira, a forma como a dança é criada vai se transformando, pois em "redes competitivas, as regras já estão dadas e o resultado é claro: nós precisamos fazer pontos. Em outras palavras, a criatividade já é restrita" (GIELEN, 2015, p. 98).

O modelo político cultural consagrado pelos editais e Leis de Incentivo à Cultura passou a se constituir como um referencial econômico peculiar para a dança brasileira. Logo, o perigo de pensarmos uma "economia da dança" sob esses moldes é o de criarmos condições inconvenientes para o artista, que precisa de tempo para desenvolver seus trabalhos, no intuito de que eles se circunscrevam na possibilidade de fazerem suas ações/ideias durarem, projetando mudanças a fim de não esvaziarem seu conteúdo, provocando uma retroalimentação constante. Afinal, "O processo de mudança social que veio a ser conhecido como desenvolvimento econômico somente é apreendido em todo a sua complexidade quando o relacionamos com a ideia de criatividade" (FURTADO, 2002, p. 53). E:

Ninguém duvida que muitas formas de criatividade somente florescem se existe espaço para a livre ação dos indivíduos, se o homem respira liberdade e confia em sua capacidade de mudar o curso da própria vida agindo sobre o mundo exterior, de satisfazer seu anseio de contribuir para a construção de uma sociedade mais conforme a seus sonhos de perfeição (FURTADO, 2012, p. 93).

Porém a criatividade adjetivada para a sobrevivência de uma ideologia em decadência, segundo Pascal Gielen (2015, p.22), tem nos levado a pensar: "o que exatamente eles estão esperando ao usar o termo 'criatividade'"? (GIELEN, p. 83). Não existe, ainda para Gielen, a possibilidade de percebermos a criatividade senão pelo aspecto da cultura e como esta molda nossos comportamentos diante das coisas, enquanto um imperativo neoliberalista: "Beber café talvez seja uma coisa social, ou talvez seja uma dependência biológica cultivada, associada ao 'acordar'. (GIELEN, p. 84). E segue: "Nós talvez vamos ao teatro por inspiração, mas também para ganhar *status* e nos distinguir daqueles outros que não participam da Arte." (GIELEN, p. 84).

Se, enquanto artistas, desejamos atingir a trajetória da "possibilidade do real", conforme o professor Jorge de Albuquerque Vieira (2012) nos relata, com as nossas criações em dança, cuja criatividade possa ser potencial, é preciso que haja a possibilidade de "*retirada* para uma ilha" (grifo nosso) (GIELEN, 2015, p. 98). "Albert Einstein certa vez escreveu que arte e ciência são duas grandes maneiras idealizadas pelos humanos para *escapar* da realidade. (...)Mas o objetivo todo da arte e da ciência é ir além do que consideramos agora como real, e *criar uma nova realidade*" (CSIKSZENTMIHALYL, 1997, p. 63) (grifo nosso).

Por isso, ainda para Mihaly, "o que torna uma ideia criativa é que (...) cedo ou tarde, reconheceremos que, por mais estranha que seja, ela é verdadeira" (CSIKSZENT-MIHALYL, 1997, p. 63). Talvez a alternativa seja essa escapada, esse retirar-se, afastar-se do que temos considerado como "criatividade" no mundo, ou seja, da criatividade adjetivada, a fim de distanciarmos a criatividade do que Paolo Virno (2001) descreve como "(...) as formas do pensamento verbal que permitem mudança no comportamento de alguém em uma *situação de emergência*" (p. 103) (grifo nosso).

Mas como isso pode ocorrer num mundo onde as pessoas estão sendo preparadas para não mais dormir e onde o "tempo/espaço" tende a se relativizar cada vez mais, em virtude de uma hiperconexão como última fronteira do capitalismo, que começa a ameaçar o nosso sono, ou seja, um "tempo sem sequência ou retorno" (CRARY, 2013, p. 29)?

Nessa nossa hiperconexão dos mundos *on/off*, permanecemos atentos, ansiosos, depressivos, medicados e obrigados a sermos reconhecidos como seres criativos, que nunca "esquecem". Todavia, essa tirania da criatividade nada tem a ver com os processos de criação artísticos, que tomam tempo e se dão em continuidade, mas sim com o sintomático "capitalismo criativo", cuja "presente histeria e obsessão com a criatividade só pode ser explicada pela perda dessa criatividade. (...) A glorificação da criatividade de fato aponta para a negação do seu estado terminal" (GIELEN, 2015, p. 102-103).

A livre ação dos indivíduos para viverem a vida que valorizam e assim produzirem o que também valorizam só acontece quando os fatores que os impedem de vivê-la em sua plenitude se vão. No Brasil, este não é o caso. Pelo contrário, temos tentado avançar cada vez mais nessa direção da valorização, mas de forma inócua, como a de agora pensarmos em uma "economia da dança" sem uma reflexão básica sobre a que tipo de desenvolvimento ela será/está atrelada, e que dança é essa descrita na terminologia, quais são seus referenciais e conceitos.

O ideário neoliberal nos afasta das transformações verdadeiras da arte e da criação. Seu desejo é o despolitizar os criativos. E com isso as políticas públicas, congeladas no modelo *Leis de Incentivo-editais*, mínguam suas forças de resistência. Míngua, também, a vontade de passarmos de uma "irrealidade para outra realidade" (GIELEN, 2015, p. 96), pois isso "requer que nos puxemos para fora da água" (GIELEN, 2015, p. 96). Mas o girino/artista/pedreiro se resigna e endossa o corpo de produtores culturais que já encontraram estratégias de adaptabilidade e ali se submetem, subvertendo-se e subvertendo uma possível política da/para/em dança ao invés de destruí-la e iniciar um novo rascunho. Infelizmente é a esse sistema em vigor que estamos chamando de "economia da dança".

Uma "economia da dança" imunizada e distante das realidades variáveis do fazer dança e do existir artístico, precisam reorganizar as dimensões da "Tridimensionalidade da cultura", a começar pela "dimensão econômica", afinal não se pode acreditar num ideal de abrangência para a cultura do Brasil quedelimita uma única "economia da dança" como possível.

> No terceiro sentido, da cultura como fator de humanização do desenvolvimento econômico, associado à proteção da identidade e da diversidade cultural dos povos, cabe referência à participação do MinC na disputa em que se defrontam duas posições: a primeira sustenta que o bem cultural é uma mercadoria como outra qualquer, sujeita, portanto, unicamente às regras do mercado (competitividade e lucratividade); a segunda entende que os bens culturais são portadores de ideias, valores e sentidos e destinam-se a ampliar a consciência sobre o ser e o estar no mundo (SNC, 2011, p. 36) (Grifo nosso).

Se o que se constrói em dança enquanto bem cultural parte de um *locus* que não respeita as condições indispensáveis para a sua cadeia de produção específica no que diz respeito à criação-distribuição-consumo-formação, quais valores e sentidos pode o artista da dança ampliar sobre o ser e o estar no mundo, se a ele tudo isso é negado politicamente? Que nível de consciência é esse que a legislação cultural espera dos que fazem a realidade cultural da dança acontecer? O que querem eles de nós?

Não se trata de regurgitar palavras em vão, a fim de teorizar o desnecessário, mas de encararmos o desafio de propor a indistinção conceitual entre desenvolvimento e sustentabilidade nas políticas a serem implementadas, afinal" no mundo contemporâneo, não temos como falar em desenvolvimento sem questionar a sua sustentabilidade" (FERREIRA, 2013, p. 74), para finalmente deslocarmos o discurso do artista da dança do sofrimento constante, cujas reclamações e dificuldades são persistentes por acreditarem sempre que estão sempre à margem da sociedade e que devem "resistir". Por isso:

> O desafio de buscar um desenvolvimento sustentável já é em si mesmo expressão de confronto com um modo de ser que ainda hoje é hegemônico. Nasce de um impulso questionador de um modelo marcado por uma atitude predatória e perdulária. Um modelo autofágico. Que põe em xeque a própria ideia de progresso. E nos faz separar crescimento de desenvolvimento. (FERREIRA, 2013, p. 74).

Uma "economia da dança" possível deve pensar-se como "economias": *oikas* e não *oika*. Casas e não casa, para que a abrangência encontre acolhida em uma política que seja capaz de gerir um país com a diversidade do nosso. Porque artistas em regiões distintas, que enfrentam condições e especificidades locais, precisam ser estimulados a tornarem-se agentes e mediadores das culturas que desejam que floresça no Brasil.

Porém o desequilíbrio ideológico do conceito "dança" revela algo a ser levado em consideração quando pensamos uma economia da/para (a) área. Afinal, de qual dança estamos falando? Se há uma pluralidade na resposta certamente há uma pluralidade na pergunta, o que nos impõe a impossibilidade de olharmos com restrição para esse "objeto".

É preciso, mais uma vez, atentarmos para o sujeito artista. Mas entendendo que a criatividade é gerada por um(a) criativo(a). É preciso que se dê, na análise, o foco ao artista e ao tipo de atividade que ele exerce: de criação. O ser "criativo" cria algo. Para Dieter Lesage, no livro *Artist at work – Proximity of art and capitalism*, de Bojana Kunst (2015, p. 66 – cap. 3), no trabalho do artista contemporâneo, há uma mudança de foco do trabalho artístico para o trabalho do artista. Entre o que ele cria e como ele vive há um borrão indistinto. As linhas se perdem e não conseguimos entender onde começa e termina o quê. E a economia da cultura, da criatividade, e da dita dança tentam cooptar/vender essa mancha sem se preocupar com os elementos que a constituem.

Para Bojana (2015, p. 66 – cap. 3), Lesage mostra como a instabilidade, interdisciplinaridade e abertura vão além de características estéticas de um trabalho contemporâneo para se conectarem profundamente nas formas como os trabalhos são produzidos e as vidas vividas. O artista é um virtuoso de um trabalho precário: se não se separa vida/trabalho na era pós-fordista então...

É sobre essa precariedade, deslocadorada autonomia do artista, que precisamos discutir politicamente, e alternâncias necessitam de proposição legislativa. Bem verdade que:

> A cultura tem uma relação difícil com a economia. Os agentes culturais sublimam a ideia de interesse econômico material em nome da estética pura, das produções do espírito e da liberdade criativa. A cul-

tura não tem preço. A genialidade criativa justifica qualquer custo. A vida comunitária é enriquecida com as criações culturais. *Ao lado disso, há necessidade de entender a cultura e relacioná-la com a segurança ontológica, como um modo de ser e se relacionar com o mundo e com a comunidade. Esse modo de ser se relaciona com capacidades subjetivas e com condições materiais de vida.* (BARBOSA, 2011, p. 108) (grifo nosso).

Porém o que resta invisível para o sujeito que adquire/consome/olha/compra a arte da dança é o próprio artista, e com ele toda sua rede de subversões e, porque não dizer, precariedades na impossibilidade de emancipação na inoperância política da lei cultural, que inviabiliza a "partilha do sensível" ao não entendermos que:

> (...) faz ver quem pode tomar parte no comum em função daquilo que faz, do tempo e do espaço em que essa atividade se exerce. Assim, ter esta ou aquela *ocupação* define competências ou incompetências para o comum. Define o fato de ser ou não visível num espaço comum, dotado de uma palavra comum etc (RANCIÈRE, 2005, p. 16).

O estar visível propõe que todas as diversidades devam estar também visíveis, abarcando e compreendendo amplamente, e mais uma vez, a "dimensão cidadã", em que o sujeito participa e se envolve com a cultura do seu país, tendo "liberdade para criar, fruir e difundir a cultura" (MINC/SNC, 2011, p. 34).

A "visibilidade deslocada" (RANCIÈRE, 2005, p. 65) da ideia de trabalho, que não significa "a exterioridade do trabalho" (RANCIÈRE, 2005, p. 65), mas sim uma nova forma de olhar para ele em sua complexidade e variedade, fazendo aparecer na superfície *oika* sem seu impulso gestor, "senhor de casa", coordenador e coordenadora que busca obter os recursos necessários à vida.

O artista, como esse fazedor de *mímesis*, conforme Rancière pronuncia pela fala de Platão, "perturba essa partilha" por ser "o homem do duplo, trabalhador que faz duas coisas ao mesmo tempo" (2000, p. 64) e dificulta o entendimento inflexível e doutrinário da economia na era capitalista e, por conseguinte, da política.

Ao artista cabeadministrar sua *oika* de acordo com o cotidiano e como ele se revela, aparentemente alheio à dignidade do seu compromisso, alheio à "economia das generosidades" (SLOTERDIJK, 2006, p 43),pois "(...) aquilo porém que constitui a condição só graças à qual qualquer coisa pode ser um fim em si mesma, não tem somente um valor relativo, isto é um preço, mas um valor íntimo, isto é *dignidade*" (KANT *apud* SLOTERDIJK, 2007, p. 77).

Por Sloterdijk, a "organização política da vida conjunta", ainda segundo a obra *Ira e Tempo: ensaio político-psicológico* (2006), precisa então levar em consideração na sua estruturação a "justiça" e a "dignidade" como pontos de equilíbrio do homem. Portanto, como considerar a dignidade para uma economia se não considerarmos a diversidade de sua produção nessa mesma economia, e na produção de sua política? Por isso é preciso deslocarmos a lógicada *oika* para um espaço plural, olhando para as várias formas de gerir/viver – oikas –, pensando políticas para elas que possam ir muito além da sobrevivência, alcançando o digno com instrumento da sustentabilidade.

Só dessa forma poderá o artista irromper com o trabalho e sua relação com o "ordinário" (RANCIÈRE, 2005, p. 64), expandindo assim não só a noção de direitos culturais, mas de "direitos" para além do mero acesso por meio da cultura como propõe, novamente, a "dimensão cidadã" do Sistema Nacional de Cultura. Afinal:

> Se a arte é política, ela o é enquanto os espaços e os tempos que ela recorta e as formas de ocupação desses tempos e espaços que ela determina interferem com o recorte dos espaços e dos tempos, dos sujeitos e dos objetos, do privado e do público, das competências e das incompetências, que define uma comunidade política (RANCIÈRE, 2005, p.2).

Economias da dança parte do pressuposto de que não existem "danças" inseridas numa economia, mas sim sujeitos/atores da área que administram, gerem, organizam seus *modos operandi* em face do que se têm ao alcance de maneira sólida, que não são (apenas) os editais, mas sim sua rede de generosidades e, por certo, dignidades, a que estas se referem, expondo a materialização das condições de vida dos seres humanos, e é sobre elas que perecem políticas culturais: olhares atentos às especificidades da arte da dança. Afinal "como falar em dignidade sem direito à saúde, ao trabalho, enfim, sem o direito de participar da vida em sociedade com um mínimo de condições"? (BRITO, 2005, p. 7). Sem outras "liberdades instrumentais"?

Dar trabalho, e em *condições decentes*, então, é forma de proporcionar ao homem os direitos que decorrem desse atributo que lhe é próprio: a dignidade. Quando se fala em trabalho em que há a redução do homem à condição análoga a de escravo, dessa feita, é imperioso considerar que violado o princípio da dignidade da pessoa humana, pois não há trabalho decente se o homem é reduzido a essa condição. (BRITO, 2005, p. 8). (grifo nosso).

O trabalho em condições decentes revela-se uma preocupação sociopolítica por ordem da democracia e dos direitos do cidadão, em que aquele mesmo serviço deve realizar o homem em face de uma "nova ética de existência pessoal" (ROSE e MILLER, 2012, p. 210) no próprio trabalho.

Por isso as generosidades falam mais claramente às economias da dança do que os aspectos empregados em sua pseudo-composição mercadológica, porque consolidam que só através de "condições para a emergência de sujeitos políticos" (SAFATLE, 2015, P.29) é que haverá a realização do desenvolvimento.

Quanto ao mercado, estaremos à margem e provavelmente continuaremos assim por longos anos. Mas nunca estaremos à margem de constituir um novo caminho de ação, com total observância na construção de políticas que evidenciem os mais variados modos de existir da dança, pois a "pluralidade humana, condição básica da ação e do discurso, tem o duplo aspecto de igualdade e diferença" (ARENDT, 2007, p. 188).

Afinal:

> Ainda que beirando o chão, ainda que emitindo uma luz bem fraca, ainda que se deslocando lentamente, não desenham os vaga-lumes, rigorosamente falando, uma tal constelação? Afirmar isso a partir do minúsculo exemplo dos vaga-lumes é afirmar que em nosso *modo de imaginar* jaz fundamentalmente uma condição para nosso *modo de fazer política* (HUBERMAN, 2011, p. 60-61).

É preciso agora apreendermos as microrealidades e construirmos ações afirmativas e políticas nas economias da dança, que sejam potentes, sem receio de que destoem em proporcionalidade com o todo, que é macro e também potente, mas não fala nem pode falar pelo todo.

O "RE"

> Faz-se necessário adotar outra estratégia e se perguntar qual corporeidade social pode ser produzida por um circuito de afetos baseado no desamparo. Pois o desamparo cria vínculos não apenas através da transformação de toda abertura ao outro em demandas de amparo (SAFATLE, 2015, p. 25).

Segundo William Baumol e William Bowen, precursores do cruzamento dos estudos sobre a economia e cultura em 1966, "nas artes performáticas, a crise é aparentemente um jeito de viver" (1966, p. 3).

De fato, a frase não é das mais animadoras, e o que se prolonga dela revela um cenário um tanto quanto desolador, pois reflete noções de desamparo, precariedade e resistência na/para (a) arte. Muito embora tenha sido escrito na década de 1960 e traga a Inglaterra e os Estados Unidos como países de base para os estudos, ainda no século XXI a situação é bem parecida em alguns segmentos estudados[25], mesmo que em países distintos:

> De várias formas, entretanto, as condições de trabalho do artista/*performer* se constituíam no que poderia ser considerado de patamar razoável. Suas turnês exaustivas, altos gastos com a profissão, desemprego frequente com a *incerteza* como acompanhante, a raridade de férias pagas e a falta de provisões para a aposentadoria, tudo isso poderia ser considerado para a maioria das pessoas como um pesadelo onde de repente mergulhamos (BAUMOL e BOWEN, 1966, p. 134)[26](grifo nosso).

Incerteza, desamparo, precariedade, crise e resistência parecem um excelente conjunto de palavras capazes de identificar um(a)artistada dança, além de necessárias para distinguir o tipo de trabalho a ser executado: sem programações, metas a serem implementadas e regras predefinidas.

---

25. Teatro, dança, opera, *broadway* etc.
26. "*In many ways, then, the working conditions of the performer fall below what might be considered reasonable standards. His exhausting tours, high professional expenses, frequent unemployment with its accompanying uncertainty, the rarity of paid vacations and the frequent lack of provision for retirement, all add up to what most of us would consider a nightmare world were we suddenly plunged into it.*" (BAUMOL and BOWEN, 1966, p. 134).

A ausência de autonomia, referida em momento anterior, parece também fazer parte daquele conjunto, mas como forma processual da incerteza. Afinal algo que é incerto está eivado de impossibilidade de autonomia. Porém nem todas as palavras que ali estão se complementam.

Para Pierre Menger(2014) existe uma certa sedução na incerteza, pois a prática artística oferece os benefícios físicos de um trabalho sem rotina. As garantias de sucesso de uma profissão não utilitária produzem resultados imprevisíveis, configurando a incerteza como elemento chave na vida ambivalente do indivíduo artista, ficando complicado relacionar o custo ao benefício como em outras atividades. Porém, o que Menger chama de "sedutor" (incerteza) na vida artística está relacionado com a lacuna que existe entre o esforço investido e o objetivo a ser alcançado na realização de um projeto pelo(a) artista.

Por certo essa incerteza gerada entre as combinações de esforço e desejo constrói a distância/espaço/entre de resistência no artista e na arte produzida. E essa resistência-como "linha de fuga" (DELEUZE e GUATARRI, 1996, p. 64), "composta por fluxos, intensidades e partículas" (ALVIM, 2010, p. 8) são "crença ou desejo" (DELEUZE e GUATARRI, 1996, p. 90), marcados "pela desterritorialização de elementos rígidos" (ALVIM, 2010, p. 8):

> Nesse estrato, a resistência é compreendida enquanto fluxo desterritorializante e não pode ser tomada como *simples enfrentamento fragmentário ou foco de luta contra* os mecanismos de poder... (ALVIM, 2010, p. 8) (grifo nosso).

Afinal, a resistência que se perfaz na sobrevivência diária conversa com a proposta de "desterritorialização" como crença de deslocamento, sem haver partes adversárias ou batalhas as serem vencidas, "pois, em certo sentido, são os mecanismos de poder que oferecem 'resistência' aos movimentos de desterritorialização" (ALVIM, 2010, p. 8). E alinha de fuga oferece uma resistência ao que está posto, propondo a instauração de novas estruturas, que tentam conviver com os mecanismos de poder sem anulá-los, porque "o desejo, as desterritorializações e também as resistências, estão do lado da infra-estrutura, eles a investem, fazem parte dela..." (ALVIM, 2010, p. 8).

A sobrevivência do agente da dança responde a tais impulsos de maneira a não negar a existência de uma economia enquanto um mecanismo de poder (mercado), ou seja, a resistência/sobrevivência do sujeito não "luta contra" nada, mas encontra um caminho flexível onde há a possibilidade de simplesmente resistir pela desterritorialização, deslocando a crença e o desejo a respeito de algo, a fim de que sua existência seja mais digna: 'partir, evadir-se, traçar uma linha' de fuga, sem que isso signifique fugir da vida mas, ao invés, fazer a vida fugir, escapar às suas limitações impostas quer pelo eu quer pelo estado presente do mundo." (DIAS, 2007, p. 279).

Afinal, o que compromete essa sobrevivência é "o pensamento gerencial das 'próprias necessidades'" (GREINER, 2012, p. 17), em que impera um "*Darwinismo Social* a fim de provar nosso 'instinto de aumentar o lucro'" (GIELEN, 2015, p. 89) negando assim a noção semântica equivocada do "relacionamento fugaz entre o significante e o significado". (GIELEN, 2013, p. 89)

Observar as economias da dança *é* prestar-se à desterritorialização, vendo tais aspectos sem, novamente, lutar, colidir contra eles. É encontrar linhas de fuga conceituais no intuito de não estancar o processo de surgimento de algo novo através da implantação forçosa de uma ideia que funciona para algumas situações, bens, serviços, produtos, mas para outras não.

Talvez a dança, assim como ela se apresenta no nosso país, onde a maciça maioria a executa dentro de microrealidades, pertença a essa economia "do fora", a essa "economia das generosidades" que, na sua "ambivalência perturbadora" (GREINER, 2012, p. 18), "ao invés de voltar-se para dentro e alimentar apenas a si mesmo, *oikos* (casa), abre-se para a vida com a especificidade 'das generosidades'" (GREINER, 2012, p. 18), tão característica da pluralidade de quem percebe *oikas*.

Por isso a política cultural, dentro dos parâmetros de sustentabilidade expostos e tendo o artista como sujeito primeiro de sua análise, pode se prestar a verificar com clareza as redes de desterritorialização que a resistência permitiu criar, fugindo da referida imunização e pensando na sua efetividade por intermédio da liberdade que somente uma cultura coligada com o desenvolvimento pode proporcionar. Ao mesmo passo que se pode propor um *oikos nomos* da dança, questionando-se sobre a possibilidade de, eventualmente, constituirmos, enquanto país democrático, uma política de ordem cultural em/da/para dança em que o artista, de verdade, não precise resistir.

CODA

Sem negar a importância da economia, precisamos olhar além dela, para enxergarmos e pensarmos nos processos artísticos e, em especial, na manutenção desses mesmos processos, considerando os sujeitos artistas que falam de lugares diversos e que geram propostas e micropolíticas plurais, reconfigurando local e nacionalmente as economias da dança.

Considerar o desenvolvimento como alternativa na consolidação de políticas culturais, compreendendo a continuidade das ações artísticas como a marca mais importante para a verdadeira expansão do segmento é entender que a dinâmica de produção em dança no Brasil se dá pelo trabalho do artista.

Não registrar essa dinamicidade no momento de construção de políticas de Estado e nem mesmo em políticas de governo, faz com que a dança, cada vez e com mais intensidade, apoie-se no ideal do entretenimento – reforçado pelos grandes conglomerados midiáticos –, deixando de lado o que deriva do seu caráter múltiplo, ignorando o que ele constrói com o tempo.

Assim como exposto no Sistema Nacional de Cultura, se a ideia é a abrangência, e se na Tridimensionalidade resta uma dimensão econômica, que deve ser vista culturalmente em sua diversidade, não há razão de nomearmos a "economia da dança" como "economia da dança", mas sim economias, afinal não existe um modelo econômico específico para a dança porque não existe uma única forma de trabalha e produzir dança. Não existe apenas um modelo de artista da dança.

Pensar politicamente os processos criativos em dança e a manutenção dos mesmos não é o mesmo que tratar de processos criativos e manutenção em moda ou agropecuária. Existe uma distinção especialmente no que é produzido, pela própria condição da dança e na forma como ela se organiza no mundo, e isso não pode ser negado. Como dito anteriormente, para além da economia, precisamos observar o que temos produzido, quem tem produzido e como temos produzido, para então conseguirmos entender como seguir adiante.

> Às vezes eu faço de graça. Porque você sabe o quão duro são as coisas para os artistas nos dias de hoje. Você não faz pelo dinheiro. Isso é o que algumas pessoas pensam. É uma ótima desculpa para não te pagarem por todas as coisas que você faz. Então o que acontece é que você, como um artista, bota dinheiro em projetos que outros vão mostrar em seus museus
>
> (...)
>
> Então você é um investidor. Você faz empréstimos que ninguém vai te pagar de volta. Você se especula como um ativo artístico. Você é um comerciante. Você não pode colocar todo seu dinheiro num único tipo de ação artística. Então você diversifica suas atividades. Você administra os riscos que

toma. Você dirá de maneira diversa. Eu sei, mas eu não uso a palavra que começa com "f". Você diz que sofre de uma suave esquizofrenia. Você tem personalidades múltiplas. Eu acho que entendo.[27]
"A portrait of the artist as a worker", LESAGE, 2006

---

27. *"Sometimes I do it for free. Because you know how hard things are for an artist these days. You don't do it for the money. That is what some people think. It is a great excuse not to pay you for all the things you do. So what happens is that you, as an artist, put money into projects that others will show in their museum (...)So you are an investor. You give loans nobody will repay you. You take financial risks. You speculate on yourself as an artistic asset. You are a trader. You cannot put all your money into one kind of artistic stock. So you diversify your activities. You manage the risks you take. You would say it differently. I know, but I don't use the f-word. You say you suffer from a gentle schizophrenia. You have multiple personalities. I think I understand."*

REFERÊNCIAS BIBLIOGRÁFICAS

ADICHIE, Chimamanda. The danger of a single story. Disponível em: <https://www.youtube.com/watch?v=-D9Ihs241zeg>. 2009.

AGAMBEN, Giorgio. Estado de exceção/Tradução de Iraci D. Poleti. São Paulo: Boitempo, 2007.

_____. Homem sacer: o poder soberano e a vida nua. Tradução Henrique Burigo. – 2. Ed. – Belo Horizonte: Editora UFMG, 2010.

_____. O que é um dispositivo? Disponível em: <https://periodicos.ufsc.br/index.php/Outra/article/download/12576/11743.>. 2005.

ALCURI, G.; LUGON, J.; CARVALHO, L.; ZÔRZO, N. O Relatório MacBride – História, importância e desafios. Disponível em: <http://sinus.org.br/2012/wp-content/uploads/05-AC.pdf>.2012.

ALVIM, Davis. M. Pensamento indomado: *História, poder e resistência em Michel Foucault e Gilles Deleuze*, *Periódico* Dimensões, vol. 24, 2010, p. 193-207. ISNN: 1517-2120.

ARENDT, Hannah. A condição humana. 10 ed. Rio de Janeiro: Forense Universitária, 2007.

ARIZPE, L. La cultura como contexto del desarrollo. Em *El desarrollo econômico y social en los umbrales del siglo XXI*. Ed. Emmerij L., e Del Arco, J. N.), pp. 191-7. Washington D.C., 1998.

ARRIGHI, Giovanni. A ilusão do desenvolvimento. Petrópolis: Editora Vozes, 1998.

BARBOSA, Frederico. Economia criativa: políticas públicas em construção. In: Plano Diretor da Secretaria de Economia Criativa. Disponível em: < *www2.cultura. gov.br/site/wp-content/uploads/.../livro_web2edicao.pdf*>. 2011.

BASTOS, Marco Toledo de Assis. Do sentido da mediação: às margens do pensamento de Jesús Martín-Barbero. Disponível em: <http://www.revistas.univerciencia.org/index.php/famecos/article/viewFile/5369/4888>. 2015.

BAUMOL, W.; BOWEN, W. Performing arts - The Economic Dilemma. New York: Kraus Reprint Co., 1966.

BENJAMIN, Walter. A obra de arte na era de sua reprodutibilidade técnica. Disponível em: <http://www.ma-

riosantiago.net/Textos%20em%20PDF/A%20obra%20 de%20arte%20na%20era%20da%20sua%20reprodutibilidade%20t%C3%A9cnica.pdf>. 1955.

BENHAMOU, Françoise. Economia da Cultura. Cotia: Ateliê Editorial, 1997.

BOLAÑO, César. Economia política, indústrias criativas e pensamento brasileiro. In: MINISTÉRIO DA CULTURA – MINC. Plano da Secretaria de Economia Criativa: diretrizes e ações, 2011-2014. Brasília: Ministério da Cultura, 2011.

BOTELHO, Isaura. Criatividade em pauta: alguns elementos para reflexão. In: Plano Diretor da Secretaria de Economia Criativa. Disponível em: <*www2.cultura.gov.br/site/wp-content/uploads/.../livro_web2edicao.pdf*>.

_____. Dimensões da cultura e políticas públicas. Disponível em: < http://www.scielo.br/scielo.php?script=sci_arttext&pid=S0102-88392001000200011>.

_____. Políticas culturais: discutindo pressupostos. In: *Teoria & políticas da cultura:* visões multidisciplinares/ Organização Gisele Marchiori Nussbaumer -. Salvador: EDUFBA, 2007.

BRASIL. Constituição (1988). Constituição da República Federativa do Brasil. Brasília, DF: Senado Federal: Centro Gráfico, 1988.

CANCLINI, Néstor García. Políticas Culturais na América Latina. Trad. Wanda Caldeira Brant. Revista Novos Estudos. Disponível em: <*novosestudos.uol.com.br/ v1/.../20080620_politicas_culturais.pdf*>, 2007.

CASTRO, Antônio M. G. de; LIMA, Suzana M. V.; CRISTO, Carlos M. P. N. Cadeia produtiva: marco conceitual para apoiar a prospecção tecnológica. Salvador, 2002. Apresentado ao 22º Simpósio de Gestão da Inovação Tecnológica, Salvador, 2002. Disponível em: <www.desenvolvimento.gov.br/arquivos/dwnl1197031881.pdf>.

CAUQUELIN, Anne. Arte contemporânea: uma introdução. São Paulo: Ed. Martins, 1ª Edição, 2005.

CHASE-DUNN, Christopher. Global formation. London: Rowman & Littlefield, 1998. Disponível em: < http://books.google.com.br/books?id=oanYVF4VzhsC&printsec=frontcover>.

CHAUÍ, Marilena. A ideologia da competência. São Paulo: Editora Fundação Perseu Abramo, 2014.

COIMBRA, Rosa. Entrevista com a Presidente do Fórum Nacional de Dança, 2015.

CNPC - Câmara Colegiado Setorial de Dança. Relatório das atividades. 2005-2010. Disponível em: <www*2.cultura.gov.br/cnpc/wp-content/.../07/plano-setorial-de-danca.pdf*>.

CRARY, Jonathan. 24/7 – Late capitalism and the ends of sleep. Verso, 2013.

CSIKZENTMIHALYI, M. Creativity: flow and the Psychology of Discovery and Invention. Harper Perennial: New York, 1997.

CUÉLLAR, Javier Perez de (org.). Nossa Diversidade Criadora: relatório da Comissão Mundial de Cultura e Desenvolvimento. Campinas, São Paulo: Papirus; Brasília: Unesco, 1997

DEHEINZELIN, Lala. Economia Criativa e métodos para dar uma mão ao futuro. Redige, v.. 02, n. 02, ago 2011, Senai, ISSN 2179-1619. Disponível em: <*www2.cultura.gov.br/site/wp-content/uploads/.../livro_web2edicao.pdf*>.

DELEUZE, Gilles; GUATARRI, Félix. Mil platôs - capitalismo e esquizofrenia, vol. 3, trad. Aurélio Guerra Neto *et alii*. — Rio de Janeiro: Ed. 34, 1996 (Coleção TRANS).

DIDI-HUBERMAN, Georges. Sobrevivência dos vaga-lumes. Belo Horizonte: Editora UFMG, 2011.

DUPAS, Gilberto. O mito do progresso. São Paulo: Editora UNESP, 2006.

DURAND, José Carlos. Política Cultural e Economia da Cultura. Cotia – SP, Ateliê Editorial, São Paulo: Edições SESC, 2013.

ESPOSITO, Roberto. Bios: biopolítica e filosofia. Lisboa: Edições 70, 2010

FERREIRA, Juca &GIL, Gilberto. A cultura pela palavra: coletânea de artigos, discursos e entrevistas dos ministros da Cultura 2003-2010/ Gilberto Gil & Juca Ferreira; Armando Almeida, Maria Beatriz Abernaz, Mauricio Siqueira. – 1.ed. – Rio de Janeiro: Versal, 2013.

FOUCAULT, Michel. A ordem do discurso. São Paulo: Loyola, 1996.

FLORISSI, Stefano; STAROSTA, Felipe. Economia da cultura: bem-estar econômico e evolução cultural.
Org. Leandro Valiati e Stefano Florissi; Alexandre Alves...[et al]. – Porto Alegre: Editora da UFRGS, 2007.

FURTADO, Celso. Dialética do Desenvolvimento. Rio de Janeiro: Fundo de Cultura, 1964.

_____. Em busca de um novo modelo: reflexões sobre a crise contemporânea. São Paulo: Editora Paz e Terra, 2002.

_____. O mito do desenvolvimento econômico. Rio de Janeiro: Editora Paz e Terra, 1972.

_____. Ensaios sobre cultura e o Ministério da Cultura / organização Rosa Freire d'Aguiar Furtado. – Rio de Janeiro: Contraponto: Centro Internacional Celso Furtado, 2012.

GIELEN, Pascal. Criatividade e outros fundamentalismos. São Paulo: Annablume, 2015.

GINTHER, Konrad, Erik Denters e Paul Waart. Sustainable Development and Good Governance. Martinus Nijhoff Publishers, Dordrecht/Boston/London, 1995.

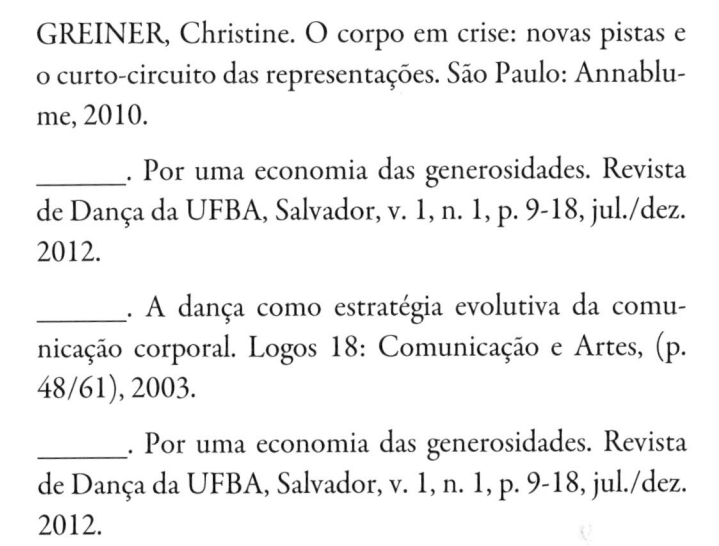

GREINER, Christine. O corpo em crise: novas pistas e o curto-circuito das representações. São Paulo: Annablume, 2010.

_____. Por uma economia das generosidades. Revista de Dança da UFBA, Salvador, v. 1, n. 1, p. 9-18, jul./dez. 2012.

_____. A dança como estratégia evolutiva da comunicação corporal. Logos 18: Comunicação e Artes, (p. 48/61), 2003.

_____. Por uma economia das generosidades. Revista de Dança da UFBA, Salvador, v. 1, n. 1, p. 9-18, jul./dez. 2012.

HARBISON, Frederick H. O desenvolvimento do potencial humano de alto nível e o crescimento econômico. Rio de Janeiro: USAID, 1965.

HARDT, M., NEGRI, A. Declaração: isto não é um manifesto. São Paulo: n-1 edições, 2014.

HARROD, Roy. The possibility of economic satiety: use of economic growth for improving the quality of education an leisure. In: *Problems of The United States Economic Development*, Nova York: Committee for Economic Development, 1958.

HOBSBAWN, Eric. Tempos Fraturados. São Paulo: Companhia das Letras, 2013.

HOWKINS, John. Economia criativa – como ganhar dinheiro com ideias criativas. London: Penguin Group, 1ª Ed. 2001.

IBGE. Sistema de informações e indicadores culturais. Rio de Janeiro. Disponível: <http://www.ibge.gov.br/home/estatistica/populacao/indic_culturais/2005/indic_culturais2005.pdf>. 2007.

KATZ, Helena T. Pensamento em torno da tradução: parte 2. Disponível em: <http://www.youtube.com/watch?v=tkktQfjmI6I>. 2009.

KERSTENETZKY, Célia Lessa. O Estado de bem-estar social na idade da razão: a reinvenção do estado social no mundo contemporâneo. Rio de Janeiro: Elsevier, 2012.

KUNST, Bojana. Artist at work: Proximity of art and capitalism. Zero Books, 2015.

LEFEBVRE, Henri. La production de l'espace. Paris: Anthropos, 4e. edition, 2000.

LESAGE, Dieter. A portrait of the artist as a worker. Disponível em: <http://www.artandresearch.org.uk/v2n2/wudtke.html>. 2006.

MARINHO, Heliana. Economia criativa: abordagem conceitual e dinâmica da MPE. In: Políticas Culturais: informações, territórios e economia criativa. Itaú Cultural, 2013. Disponível em: <http://issuu.com/itaucultural/docs/politicasculturais_issue_af>.

MARQUES, Rosi. Da indústria cultura à economia criativa. Disponível em: <*revistaalceu.com.puc-rio.br/.../Alceu%2018_artigo%206%20(pp83%20a%2095).pdf*>.

MARTÍN-BARBERO, Jesus. Dos meios à mediação: comunicação, cultura e hegemonia. Prefácio de Néstor García Canclini; Tradução de Ronald Polito e Sérgio Alcides. 6. ed. Rio de Janeiro: Editora UFRJ, 2009. (1ª ed. – 1997). 2009.

_____. Jesús Martin-Barbero: conceptos clave em su obra. Parte 1: 'mediaciones'. Disponível em: <https://www.youtube.com/watch?v=NveV5ScaZHg>. 2014.

_____. Ofício de Cartógrafo: travessias latino-americanas da comunicação na cultura. São Paulo: Edições Loyola. 2004.

MEADOWS, Donella H. (*et al*). The limits to growth: a report for the club of Rome's project on the predicament of mankind. 2 ed. Great Britain: Pan Books Ltd., 1974.

MENGER, Pierre-Michel. The economics of creativity: art and achievement under Uncertainty. Harvard University Press, 2014.

MIGUEZ, Paulo. A economia da cultura como campo de estudos e a novidade da economia criativa. In: Plano Diretor da Secretaria de Economia Criativa. Disponível em: <*www2.cultura.gov.br/site/wp-content/uploads/.../livro_web2edicao.pdf*>. 2011.

MINC/SNC - Ministério da Cultura – Sistema Nacional de Cultura: estruturação, institucionalização e implementação do SNC. Disponível em: <*pnc.culturadigital.br/.../SNC_Estruturacao_Institucionalizacao_Implementacao_Dez2011.pdf*>.2011.

MUNAKATA, Sandro Takeshi. Teorias da comunicação nos estudos das Relações Públicas. Porto Alegre: EDIPUCRS, 2011.

NISBET, Robert. History of the ideia of progress. New York: Basic Books/Inc., 1980.

PELBART, Peter Pál. Da clausura do fora ao fora da clausura: loucura e desrazão. São Paulo: Brasiliense, 1989.

PERNICIOTTI, Fernanda. A dança se move? História da Cooperativa Paulista de Dança e do Movimento Mobilização Dança, e seus papeis na constituição do comum. São Paulo, 2013.

PNC - Plano Nacional de Cultura. Metas do Plano Nacional de Cultura. Disponível em: <http://pnc.culturadigital.br/ wp-content/uploads/2012/02/METAS_PNC_final.pdf>. 2013.

RANCIÈRE, Jacques. Partilha do sensível: estética e política. Trad. Monica Costa Netto, São Paulo: EXO experimental org.: Ed. 34, 2005.

RAWLS, John. Teoria da justiça.São Paulo: Editora Martins Fontes, 2. ed., 2005.

REIS, Ana Carla Fonseca. Economia criativa: como estratégia de desenvolvimento - uma visão dos países em desenvolvimento/organização Ana Carla Fonseca Reis. – São Paulo: Itaú Cultural, 2008.

ROSE, Nikolas; MILLER, Peter. Governando o presente: gerenciamento da vida econômica, social e pessoal. São Paulo Paulus: 2012.

SAFATLE, Vladimir. O circuito dos afetos: corpos políticos, desamparo e o fim o indivíduo. São Paulo: Cosac Naify, 1ª ed., 2015.

SANTOS, Milton. Por uma outra globalização: do pensamento único à consciência universal – 22ª ed. – Rio de Janeiro: Record, 2012.

SARAVIA, Enrique. Que financiamento para que cultura? O apoio do setor público à atividade cultural. Disponível em: <http://bibliotecadigital.fgv.br/ojs/index.php/rap/article/viewFile/7670/6238>.

SEC – Plano Diretor da Secretaria de Economia Criativa. Disponível em: <*www2.cultura.gov.br/site/wp-content/uploads/.../livro_web2edicao.pdf*>. 2011.

SEN, Amartya K. Desenvolvimento como liberdade. 1. ed. São Paulo: Companhia das Letras, 2000.

_____. Desigualdade reexaminada. Tradução e apresentação de Ricardo Doninelle Mendes. – 2ª. Ed. – Rio de Janeiro: Record, 2008.

_____. A ideia de justiça. Tradução e apresentação de Ricardo Doninelle Mendes – São Paulo: Companhia das letras, 2011.

_____. & KLIKSBERG, Bernardo. As pessoas em primeiro lugar: a ética do desenvolvimento e os problemas do mundo globalizado. Trad. Bernardo Ajzemberg, Carlos Eduardo Lins da Silva. São Paulo: Companhia das Letras, 2010.

DIAS, Sousa. "Partir, evadir-se, traçar uma linha": Deleuze a literatura. Disponível em: <file:///C:/Users/Joyce/Desktop/Documentos/Textos/DEleuze.pdf>. 2007.

VIEIRA, Jorge de Albuquerque. Sobre arte e ciência. Disponível em: <https://www.youtube.com/watch?v=V0wU5wr2INo>. 2012.

VIRNO, Paolo. Wit and innovation, in: Rauning, G., Ray, G. and Wuggening, U. (eds.) *Critique of creativity: precarity, Subjectivity and Resistence in the 'Creative industries'*. Mayfly: 2011.

WALLERSTEIN, Immanuel M. The capitalist world-economy. New York: Cambridge University Press. Disponível em:<http://books.google.com.br/books?id=5GppqmU13pIC&printsec=frontcover#PPR7,M1>. 1979.

WILLIAMS, Raymond. Cultura. Rio de Janeiro: Paz e Terra, 1992.

UNESCO. Many voices, one world. First published in 1980 and reprinted 1981 by the United Nations. Anchor Press LTD. 1983.

ZYLBERSZTAJN, D.; FARINA, E. M. M. Q.; SANTOS, R. da C. O sistema agroindustrial do café: um estudo da organização do *agribusiness* do café visto como a chave da competitividade. Porto Alegre, RS: Ortiz, 1993.

ZIZEK, Slavoj. Primeiro como tragédia, depois como farsa. Editora Boitempo, 2011.

COLEÇÃO LEITURAS DO CORPO
Direção: Christine Greiner

Títulos publicados:

Antonin Artaud - teatro e ritual
Cassiano Sydow Quilici

Do movimento ao verbo: desenvolvimento cognitivo e ação corporal
Judith Nogueira

Leituras da morte
Christine Greiner e Claudia Amorim (orgs.)

Leituras do sexo
Christine Greiner e Claudia Amorim (orgs.)

O corpo: pistas para estudos indisciplinares
Christine Greiner

O Kuruma Ningyo e o teatro de animação japonês
Marco Souza

O corpo em crise - novas pistas e o curto-circuito das representações
Christine Greiner

A força do corpo humano
Chantal Jaquet

Imagens do Japão - pesquisas, intervenções poéticas, provocações (vol. 1)
Christine Greiner e Marco Souza (orgs.)

Corpos da memória - narrativas do pós-guerra na cultura japonesa (1945-1970)
Yoshikuni Igarashi

Arte agora - pensamentos enraizados na experiência
Sofia Neuparth e Christine Greiner (orgs.)

Corpo-artista - estratégia de politização
Fernanda Raquel

Imagens do Japão - experiências e invenções (vol. 2)
Christine Greiner e Marco Souza (orgs.)

Arte e cognição - corpomídia, comunicação, política
Helena Katz e Christine Greiner (orgs.)

Criatividade e outros fundamentalismos
Pascal Gielen

O corpo como posicionamento de marca na comunicação empresarial
Simone Ribeiro de Oliveira Bambini

Leituras de Judith Butler
Christine Greiner

Louise Bourgeois e os modos feministas de criar
Gabriela Barzaghi De Laurentiis

Economias da dança
Joyce Barbosa